主体的・対話的で深い学びにつながる園づくり

保育現場は

園内研修と
マネジメントで

変われる！

鈴木 正敏・亀山 秀郎・岡部 祐輝・阿部 能光／著

ひかりのくに

はじめに

　コロナ禍を超えて、今日本が、世界が変わりつつあります。これまで常識だったことが覆り、当たり前の慣習が崩れてきています。時代の流れとともに、古い考え方は新しいものへと変わってきました。情報化の進展とともに、コミュニケーションの方法が変わり、電話や手紙から電子メールへ、そしてSNSへとツールも変遷してきました。それとともに、親子は友達のような関係性になり、部活や会社での上下関係もゆるやかになってきました。みんな同じが平等、と考える世界からひとりひとりの個性を求める時代がやってきたのです。

　保育の現場も様変わりしてきました。保育園と幼稚園で保育の世界が二分されていたものが、認定こども園制度によってその境界が曖昧になってきました。保育料は無償化され、待機児童対策のために園が乱立し、保育者不足があちこちで起こるようになってしまいました。一方で、国の方針も転換期を迎え、子ども主体の保育を目指す動きが活発になり、これまでと異なった実践が求められるようになってきました。しかし子ども主体の保育とは？　先生方と話をしていても、なかなか答えが見つからない日々を過ごしていました。

　そうした中で、今回執筆されている七松幼稚園（兵庫県・尼崎市）の亀山秀郎園長先生・高槻双葉幼稚園（大阪府・高槻市）の岡部祐輝園長先生・いぶき幼稚園（兵庫県・神戸市）の阿部能光園長先生と一緒に、保育の改革を共に考える機会を得ました。はじめのうちは、どうやって子ども主体の保育を進められるのかを一緒に考えながら、その具体的方法については全くの手探り状態でした。しかし、3人の園長先生方の熱意と工夫が少しずつ実を結び、現場が変わってきました。先生方ひとりひとりが前向きになって、テーマに沿って探究していく保育を進めていくと、次第に子どもたちが生き生きと

してきました。自分たちの問いを追求して学びを進めるのが、これからの時代に合ったやり方ではないかと感じさせられました。

　私の祖母は戦後すぐ名古屋で小さな私立幼稚園を始めました。それを父が継ぎ、母がその後を受け継いで、半世紀の間、地域の子どもたちを育ててきました。少子化の影響で私がその後を継ぐことはできませんでしたが、祖母や父母の思いを受けて、これまでの過程でさまざまな経験を積み、仲間の先生たちと出会い、何が子どもたちのためになるのだろうかと探究を続けてきました。公私・幼保こども園を問わず、いろいろな園で研修をしてきましたが、同じようなルーツを持ち、同じ志を持つ3人の先生方と園の変革に取り組んだ軌跡を伝えたいと思い、書籍にまとめることにしました。その際、ひかりのくに書籍編集部の皆さまにお引き受けいただき、なんとか出版できる運びとなりました。また関西国際大学の森田健先生には私たちを見守っていただき、適切なアドバイスをいただきました。執筆者を代表して感謝申し上げたいと思います。

　本書では、3つの園の事例を皆さんに紹介するとともに、将来を生きる子どもたちにとって、どのような保育・教育がふさわしいかについて探っていきます。ここでは、それぞれの園での経緯が物語のように綴られ、園長先生や先生方が、挑戦したり変えてみたり、悩んだり迷ったりしたことが描かれています。わかりやすいハウツーものではないのですが、もしどこか何か、書かれていることに少しでも、共感したり納得したりしていただければ幸いです。

　先人の導きや、私たちの家族の支えに感謝しながら、本書を読んでくださる皆さんと共に、子どもたちの新たな未来に貢献できればと願っています。

令和7年1月　鈴木正敏

目　次

はじめに ··· 2

● 保育現場のこれまでとこれから ●
時代が求める子ども主体の保育 ································· 7
兵庫教育大学 学校教育研究科 教授　**鈴木 正敏**

幼児教育・保育を取り巻く枠組みの変化 ·················· 8
　　個性化の時代と保育の質の向上 ······················ 8
　　工業化社会から情報化社会、そしてVUCAな時代へ ········· 9

幼児教育・保育の変遷 ································· 11
　　画一・一斉の教育から総合的な学びへ ················ 11
　　平成29年の要領・指針改訂が目指すもの ············· 15
　　主体性と「したい」気持ち：最後の決定権を子どもに渡す ····· 17
　　アクティブ・ラーニング：考える子どもたちを育てる ······· 19
　　自己調整力と実行機能 ······························ 21
　　保育のあり方が子どもの未来にどうつながるか？ ········ 22

子ども主体の保育を目指して ··························· 28
　　形から姿へ、型から心へ ···························· 29
　　結果から過程へ ··································· 32
　　一斉から個別へ、集団主義から主体的に ·············· 36
　　主体的な保育へのアプローチ ························ 43

実践事例 1

園舎の建て替えから始まるICT化と 45
プロジェクト型保育へのあゆみ ～ミドルリーダーと共に～

認定こども園 七松幼稚園 園長　**亀山 秀郎**

第1章　変革前の七松幼稚園 46
第2章　園長就任からの変革 51
第3章　園におけるデジタル機器の活用スタート 59
第4章　プロジェクト型保育への転換 77

staff voice　3つの転機 87

認定こども園 七松幼稚園　**志方 智恵子**

実践事例 2

子どもも保育者もともに考え、ともに楽しむ 91
保育を目指して

幼稚園型認定こども園 高槻双葉幼稚園 園長　**岡部 祐輝**

第1章　子どもの主体性は大切！でもなにからやれば 92
　　　　（探る・試行錯誤する）
第2章　環境構成から始まった子ども主体への歩み 96
　　　　（一歩進みだす）
第3章　子どもの姿から出発する保育実践に向けて 100
　　　　（深化・進化する）
第4章　子どもとともに考え、作る保育実践へ 107
　　　　（子どもの主体性とは何かを考える）
第5章　新たな時代に今をいかにつなげていくか 114
　　　　（これからの挑戦）

staff voice　保育を変えてきた10年間で思うこと 121

幼稚園型認定こども園 高槻双葉幼稚園　**伊藤 奈央**

実践事例 3

やってみよう！があふれだす ……… 123
~子どもも保育者も主体性の高い保育を目指して~

　　　　　　　　　　幼稚園型認定こども園 いぶき幼稚園 園長　阿部 能光

第1章　改革前のいぶき幼稚園のようす ……………………… 124
第2章　改革初期の大混乱 ……………………………………… 130
第3章　公開保育のたびにチームとして成長していく ……… 133
第4章　鈴木正敏先生との園内研修がもたらした学びと積み重ね… 139
第5章　ミドルリーダー育成の必要性 ………………………… 144
第6章　チームをオーガナイズするトップ・マネジメント … 149

staff voice　園が変化していく時の私自身と5歳児チームについて … 166
　　　　　　　　　幼稚園型認定こども園いぶき幼稚園　八木 彩美

● 理解を深めるために ●
あたらしい保育を創る園内研修とリーダーシップ …… 171
　　　　　　　　　兵庫教育大学 学校教育研究科 教授　鈴木 正敏

子ども主体の保育を進めるために ………………………………… 172
　　　子どもの「したい」気持ちと、大人の「したい」気持ちを ………… 172
　　　共存させる ~共主体の保育へ~
　　　探究する心を育てる　「広げる、続ける、深める」……………… 176
　　　プロジェクト型保育
子どもの理解から保育を深める …………………………………… 185
　　　子どもを理解すること ………………………………………… 185
　　　情報をめぐらせること ………………………………………… 195
　　　協働すること …………………………………………………… 200
分散型リーダーシップと保育の改革 ……………………………… 207
　　　主体的な保育とリーダーシップ ……………………………… 207
研修講師の役割と発達 ……………………………………………… 214
　　　研修講師が提供できるもの …………………………………… 214

●保育現場のこれまでとこれから●

時代が求める子ども主体の保育

兵庫教育大学 学校教育研究科 教授
鈴木 正敏

幼児教育・保育を取り巻く枠組みの変化

個性化の時代と保育の質の向上

　国際化・個性化が言われるようになったのは、昭和時代の中曽根政権下です。1984年に臨時教育審議会（臨教審）というものが立ち上がり、(1) 個性重視、(2) 生涯学習体系への移行、(3) 国際化・情報化など時代の変化への対応、の３つを理念として掲げ、３年間・４回にわたって教育改革のための提言を行なってきました。その頃はまだ受験戦争が真っ盛りでした。当時の教育界は、個性化への流れと、それに相対するように校則の厳格化などがあった時代です。戸塚ヨットスクール事件や、神戸の校門圧死事件、愛知県の新設高校での厳しい指導などが紙面を賑わせていました。一方で、小学校低学年に生活科を導入する準備が進められており、後に総合的な学習の時間が３年生以上で実施される基礎が培われたのもこの時期です。

　その頃、ちょうど学生だった私は、個性化とは・国際化とは、というテーマに心惹かれていました。1985年に学部３年生でアメリカに留学し、大学院修士を修了して1989年から再びアメリカで学ぶようになります。留学先のウィスコンシン大学では、IGE（Individually Guided Education）に触れました。指導教員だったLloyd Joyal先生は、当時上智大学におられた加藤幸次先生の研究仲間で、２人の出会いが東浦町立緒川小学校のはげみ学習と総合学習を組み合わせた実践の基礎となります。その流れを、同じく上智大学の奈須正裕先生が受け継いでいます。日本では加藤先生や奈須先生の所属する個性化教育学会で、またアメリカではDonald Barnes校長の

Conrad Elvehjem Schoolで3・4年異年齢の総合学習を学ぶ機会がありました。スキルは個別で自由進度学習をし、学び方や探究は総合学習で、という考え方はこの時に身につけました。

　帰国後、小田豊先生や秋田喜代美先生らのグループで一緒に研究する機会を得ました。アメリカやドイツなどの欧米諸国、韓国や台湾などのアジア地域の研究者らと共同研究を行い、文化による保育の違いや、日本の保育の良さに気付かされました。中でもレッジョエミリアや台湾、ニュージーランドの保育は参考になりました。子どもたちの主体的で対話的な保育のあり方や、ドキュメンテーションがいかに大切かを学びました。その後、秋田先生の研究チームは園内研修の大切さ[1]や、リーダーシップ[2]、幼稚園の事業承継のあり方[3]などに進んでいきます。園内研修を行うことで、保育の質が高まること、その際にリーダーシップやマネジメントが大切なことは、世界的な潮流として認識されていることです。OECDなどが提唱している保育の質向上は、そうした動きが各国で活発になることで実現するものなのです。

工業化社会から情報化社会、そしてVUCAな時代へ

　冒頭で述べたように、子どもたちを取り巻く社会情勢や枠組みが劇的に変化したことはみなさんも感じられるところでしょう。では、それはどのように変化したのでしょうか。まず社会全体のパラダイムシフトが起こったといえます。戦後の混乱期を抜けてから高度経済成長期を体験した日本ですが、そこで工業化社会へ進んだことについて成功体験を得ます。そこから同じものを同じように、しかも正確に作るということが目標になってきました。日本車や電化製品など、粗悪品と言われたものが、日本製は高品質であるという

評価が固まってきたのです。

　保育の世界では、戦後のベビーブームを経て高度成長時期に多くの園が設立されました。昭和50年代半ばには幼稚園・保育所ともに園児数のピークを迎えます。幼稚園の方はというと、保育所に比べて大規模園が多く、中には500人ほどの園も存在しました。教育内容としては、当時の幼稚園教育要領で示された6領域に合わせ、絵画指導や器楽合奏、体育指導などが一斉に行われてきました。本書で挙げる3つの園も、かつてはそうした一斉保育を中心に行なってきたのです。指導のもとにできあがった絵や同じデザインの同じ質の製作物を持ち帰り、発表会や運動会で一糸乱れずに表現や運動をさせることがよしとされてきました。小学校レベルの鍵盤ハーモニカの演奏会、衣装を揃えた鼓笛隊の演技など、発表会に向けて時間と努力が費やされてきました。行事の中で完成されたパフォーマンスを披露することが園の方針であり、保護者の願いでもありました。一方で、子どもたちの遊びを中心とする保育は連綿として続いていました。倉橋惣三が提唱した幼児さながらの生活を保障することに価値をおいてきた保育も、日本の幼児教育の伝統としてあったのも事実です。その中で、多くの私立幼稚園は、どちらかといえば一斉保育を中心としたものが主流であり、通園バスや長時間保育、体操や音楽・英語など、考えられる限りの特徴をアピールして選んでもらってきたという事実がありました。平成元年の幼稚園教育要領の改訂を経ても、そうした雰囲気はなかなか変わらなかったというのが実情でした。それが令和になってから、一斉保育が「昭和的」と捉えられ、変わってきたといえるでしょう。特に、新型コロナ感染症の拡大があってから社会が激変し、学校教育にはGIGAスクール構想も急激に拡がり、一人一台端末が普及し、一気にデジタル化が

進みました。教育・保育施設もロックダウンを経験し、大勢で一斉に何かをすることがままならない状況が生まれ、別々に距離をとりながら行事を行う、ということも普通になってきました。それが「これまで通り」を見直すきっかけとなり、今まで何の疑問も持たずに行われてきた保育や教育のあり方に対し、問いをもって見直すことができるようになったといえます。儀礼的なことや、一斉に揃って指導を受けること、そして同じような結果を求められることで、どこにどのような子どもたちの育ちが期待できるかを考えるようになったのです。その過程で、学び手中心の、子ども主体の保育・教育とは何か？　を求める人々が増えてきたのではないでしょうか。しかし、何をもって「子ども主体」とするか、どうやったら子どもたちの主体性が発揮されるのか、保育者の支援や援助はどうあるべきか？　についてはいろいろな場面で迷うことばかりではないかと思います。そこで、これまでの幼児教育・保育の流れを一度整理してみましょう。

幼児教育・保育の変遷

画一・一斉の教育から総合的な学びへ

　戦後の1948年に『保育要領〜幼児教育の手引き〜』が刊行されました。これは倉橋惣三の考え方が基盤となり、「幼児の生活は自由な遊びを主とする」ことを旨とし、時間を区切って日課を組むのではなく、「一日を自由に過ごして、思うままに楽しく活動できることが望ましい」とされていました。また、この時期の保育のあり方が

望ましい社会の形成者として一生を送るかどうかを左右する、ということも言われていて、幼児期の教育がのちの人生に影響を及ぼす、ということがすでに言われていたのです。荒廃した国土を建て直し、平和で民主的な世の中を目指していた時に、このようなロマンに満ちた指針が出されていたのですが、その流れが根底にあって、今に続いているのではないかと感じさせるものです。

　しかし、1956年（昭和31年）には『幼稚園教育要領』が出されるのですが、この時期にはスプートニクショックと呼ばれるものがあり、当時のソ連がアメリカに先立って人工衛星の打ち上げに成功し、科学的な知見から教育を見直し、教科内容を体系化して効率的に教えようとする動きが出てきたのです。そのため、要領では6領域が設定され、望ましい経験が例示されることで、経験しなければならない、という意識が生まれてきたといえます。1964年（昭和39年）に改訂されたものでは、「経験」から「望ましいねらい」へと変化しました。そこで指導計画の重要性が言われ、「教育の目標から、どのような内容が考えられるかをはっきりさせる必要がある」としています。系統化された領域は、細分化された「ねばならない」項目として捉えられてしまい、ここで音楽、こちらで絵画指導、理科的なことや絵本、劇遊び、体育遊びもして、といった形で指導計画を立てることで、小学校以上の教科に結びつけやすく、倉橋が思い描いた幼児さながらの生活からかけ離れてしまいました。これが30年ほど続いて、一斉に何かを教えていく、という保育が浸透していったのです。

　1989年（平成元年）になって、ようやく幼稚園教育要領が改訂になりました。この改訂では、6領域が5領域となり、「幼稚園教育は、幼児期の特性を踏まえ環境を通して行う」こととされました。さら

に、「幼児の主体的な活動を促し幼児期にふさわしい生活」を展開することが求められたのです。この時期には、幼稚園教育要領の改訂と同時に、小学校学習指導要領において、1年生・2年生から理科と社会が統合され、生活科が新設されました。1970年代後半から準備が進められてきた生活科は、幼児期の保育に学びながら、この時期に合った総合的な指導を行うように導入されました。その後、1998年（平成10年）には小学校3年生より高校まで、総合的な学習の時間が創設され、教科横断的で総合的な学習を行うようになってきました。総合学習では、暗記やテスト対策ではなく、「横断的・総合的な学習や探究的な学習を通して、自ら課題を見付け、自ら学び、自ら考え、主体的に判断し、よりよく問題を解決する資質や能力を育成する」ことを目指しています。

　2008年（平成20年）の幼稚園教育要領の改訂では、いったん保育者の役割の重視が強調されますが、2017年（平成29年）には、全面的に見直され、小学校以上の指導要領との整合性が図られるとともに、資質能力の育成がその最重要課題となりました。

➡ 平成元年　幼稚園教育要領改訂／生活科の導入
　　　　　　＞5領域、環境を通して行う保育
➡ 平成10年　総合的な学習の時間の創設
　　　　　　＞聞き合う、学び合う授業
　　　　　　＞話し合って何かを追究していく活動
➡ 学力低下論争
➡ 平成20年　保育者の役割の重視
➡ 平成29年　資質・能力の育成
➡ 令和　2年　コロナ禍

2019年に文部科学省が出したリーフレット:『生きる力　学びの、その先へ』※4では、学習指導要領に込められた願いを「これからの社会が、どんなに変化して予測困難になっても、自ら課題を見付け、自ら学び、自ら考え、判断して行動し、それぞれに思い描く幸せを実現してほしい。そして、明るい未来を、共に創っていきたい」としています。生きる力というのは、1998年の学習指導要領から使われ始めていますが、総合的な学習の時間を導入するにあたって、自ら課題を見付け、という考え方が連綿と続いていて、現在に至っています。このリーフレットが出された翌年には、コロナ禍が起きてしまいます。その時に社会が大きく変化し、予測困難な状況になってしまいました。このような事態が起きることが予言されていたかのような文面であるのに驚かされますが、これまでの行事や教育方法が見直され、ICTの導入も一気に進んできたのは事実です。2017年（平成29年）の改訂では、幼稚園教育要領だけでなく、認定こども園保育・教育要領、保育所保育指針も同時に新しくなり、それらに基づいて保育を行うことになりましたが、その中身はいったいどんなものなのでしょうか。

　この改訂では、内容・方法・評価について、小学校以上の指導要領と一貫性を持たせることが狙いの1つになっています。内容とは、3つの資質能力であり、方法は「主体的・対話的で深い学び」すなわちアクティブ・ラーニングであり、評価は幼児期の終わりまでに育ってほしい姿、いわゆる10の姿とされています。その3点がつながることによって、子どもの教育が首尾一貫したものになっていきます。内容的には3つの資質能力を育てる目的で5領域があり、評価を10の姿で行い、方法として主体的で対話的な活動を行うことになります。これからの時代を生きる子どもたちにとって必要と思

われる内容と方法が模索された結果であるといえるでしょう。

平成29年の要領・指針改訂が目指すもの
3つの資質・能力

　前述したように、2017年（平成29年）の学習指導要領ならびに幼稚園教育要領の改訂、それに伴って改訂された認定こども園保育・教育要領、保育所保育指針が目指すものは、一言でいうと子どもたちの間に資質・能力を育成するということです。それらはすなわち：

> *生きて働く*　知識・技能（の基礎）
>
> *未知の状況にも対応できる*　思考力・判断力・表現力（の基礎）
>
> *学びを人生や社会に生かそうとする*　学びに向かう力・人間性等

の3点です。これまで知識・技能が学習指導要領の内容の中心であったのが、思考力・判断力・表現力、といったコンピテンシーをベースとした考え方に変わってきました。それは目に見えないものであり、発表会で言われた通りのパーフォーマンスをするといったような、具体的な姿では表せないものに重点が置かれることになったといえます。何かをする時に、指導してできるようになることはたくさんありますが、自ら問いを見つけ、自ら考えて解決する、といったことがさらに大切になってきます。例えば、幼児の生活の中でハサミが使えたり、糊付けできたり、あるいは絵の具を使ったりといったことは指導することができますし、大人が支えることで効率的にそのスキルを身につけることができます。しかし、ただ言われた通りに作業をするのではなく、何かを成し遂げるために、試行

錯誤しながら考え、最適な方法でものを作ったり演じたりすることが求められているのです。

　同じようにハサミを使い、何かを貼ろうとした時に、まずその目的は何かを考える必要があります。お店屋さんをしたいと考えた時、回転寿司をしたいとしましょう。どうやってお寿司を回すのか？　といったことを考えた時に、段ボールをつなげてレーンにしたり、プラレールを使ってお皿を運んでみたり、子どもたちはいろいろと工夫をします。自分たちのイメージにより近づけるように、必死に段ボールや紙を切ったりする際に、身につけたスキルが役立つのです。スキルそのものは、知識・技能の一部であるのですが、「回転させたい」と思っていろいろな方法を考えること、それを現実的なものかどうかを判断し、完成させていくところで思考力・判断力・表現力が身につきます。さらに、「どうしても完成させたい」「お客さんに喜んでほしい」「そのためにはみんなと協力しないとできない」といったことを思ったり感じたりするのが、学びに向かう力・人間性を育てていきます。

　３つの資質能力のうち、知識・技能や思考力・判断力・表現力には、幼児期については「基礎」がついています。しかし、学びに向かう力・人間性等には、「基礎」がついていません。つまり、幼児期には、やる気や動機づけ、協働性などの非認知能力がもっとも伸びやすく、子どもたちの力となりやすいのです。とりわけ幼児期には、好奇心・粘り強さ・協同性・自己調整といった社会情動的スキルを育てることが重要で、それらが後の認知的スキルの獲得に大きく影響します。ですから、何かをやりたい、やり遂げたいと思うことが、何を・どのようにするかよりも重要なのです。その意味で、保育を子どもたち主体にしていきたい、と考えるのは理にかなっているといえます。

主体性と「したい」気持ち：最後の決定権を子どもに渡す

　主体的な保育を進めたいと考える際、どのようなことを思ったら良いのでしょうか。単純に、子どもたちが「〜〜したい！」と言った時に子どもたちの主体性が発揮される、と考えてはどうでしょう。この「主体性」の概念はよく保育者同士の話し合いで課題になるのですが、いったいどこを捉えて「主体性」とするのか？　が迷ってしまう点です。1日のうちで、子どもたちが考えて決めて行動するような場面を思い浮かべてみましょう。いったい、どのくらいの部分が子どもの意思や判断に任されているでしょうか。朝、登園して用意をして、集まって挨拶をして、歌を歌って…もしそのほとんどが保育者によって決められているとすれば、主体的に生活を作っているとは言い難いかもしれません。かといって、全てのことを子どもたち任せにするのも、現実的ではないことが多いでしょう。園児の数やスペース、保育者の力量・これまでのやり方などを考え合わせて、子どもの主体性の発揮できる部分は決まってくると思われます。まずは、1つ1つのことから子どもに渡していく、というところから始めても良いかもしれません。いろいろな園で試しにやってみて、とお願いすることの1つに、朝みんなで歌う歌をお当番さんに決めてもらう、というものです。2曲は季節や発達に合わせたものを先生が選び、もう1曲の選択をお願いするのです。何気ないところから子どもの自由選択の機会を与えてみると、「子どもに渡す」勇気が出てきます。そこから徐々に自由度の幅を広げていってみるのです。みんなで今日する外遊びの内容、遠足の行き先、行事の持ち方など、だんだんと大掛かりなところまで子どもに任せてみることができます。ここに挙げられている3つの園でも、子どもが決めることがだんだんと多くなり、自分たちで行事や遠足を取り仕切ってい

るケースが多くみられます。
　　次第に子どもたちの主体性が発揮されてくるようになると、さらに悩みが増えていきます。例えば、どこまで大人が手を出したり口を出したりしても良いのか？　ということです。どこに線を引いたらいいのか？　は人それぞれですし、また子どもたちの状況によっても異なります。ですから、保育者がどこまで我慢したり、口出しせずにいられるかは、永遠の悩みといえるでしょう。
　　そこで、こんな風に考えてみてはどうでしょうか。最後に、子どもたちが「自分たちでやった！」という実感を持てればいい。そうすると、どこまで手助けしても、ある程度「誘導」したとしても、いいのではないか？　ということです。何かを作ったり製作したりするにしても、8割がた大人の手が入っていても、もしそれが子どものイメージに合っていれば、そして最後の1ステップを子どもがすれば、それはその子のものになると思うのです。その際に「自分でやった」という実感が持てるように、保育者の援助やアドバイスを工夫しなくてはなりません。その子の満足度や達成感と、大人の介入のバランスが取れていることが条件です。ものごとの最後を子どもの手に、というのがポイントです。
　　ここで1つ、簡単な方法を探ってみましょう。「終わりよければ全てよし」法です。前述のように、保育者の援助やアドバイスをなるべく減らそうとしても、なかなかうまくいかない時もあります。一定の体験をさせたい場合や、行事に向けて何かをしなくてはならない時に、全て子どもたちからの意見で進めることが難しいとします。その時に、保育者側からいろいろ提案をしてみても良いのですが、最後に「どう？　やってみたい？」と一声かけるのです。もし、提案が魅力的で子どもの感性に合ったものであれば、おそらく即答

で「やってみたい！」と返ってきます。それまでどれだけ大人のアイデアが満載であったとしても、最後の決定権を子どもに委ねてみると、それは"子どものもの"になっていきます。子どもたちにとって主体的とは、活動が「したい」的になればいいのです。これが学びに向かう力となっていくのです。

アクティブ・ラーニング：考える子どもたちを育てる

　子どもたちが「したい」活動を進めていくと、しぜんに「考える」活動が増えていきます。主体的にものごとに関わっていくことで、子どもたちは自分で考え、試行錯誤を繰り返し、楽しみながら遊びや活動を進めるうちに、自分たちの興味関心の向くものについて、深く考えるようになります。子どもたちは、しぜんに「なぜ、どうして？」と聞くことが多いのですが、それに対して大人がどれだけ真剣にとりあい、子どもに返していくかによって、思考の種は増えていきます。それは保護者の皆さんにもよく言うのですが、どうしてどうして、なんでなんで、と聞かれた時にすぐに答を出してしまうのではなく、一緒に考えるということをしていきます。「なぜ、どうして？」に対しては「どうしてだと思う？」、「これは何？」に対しては「一緒に調べてみようか」で返します。園では、もっと進んで「誰が知ってるかな？」ということも言います。虫のことについては、大きい組さんのあの子が知っているに違いない、と子どもたちの間で情報が回っているかもしれません。図鑑や本、そして最近ではタブレットなどで検索することもあるでしょう。ともかく、子どもが自分で調べたり考えたりすることを支えていくことが大切です。

　深く考えていくことについては、シラージ、キングストン、メルウィッシュらの『「保育プロセスの質」評価スケール』[※5]が参考に

なります。この本は彼女らの関わったイギリスの「就学前教育の効果的な実践（EPPE）」研究から出た「効果的な幼児教育法調査（REPEY）」のデータから考えられ、編纂されたものです。子どもたちにとって、短い会話でも一緒に考えることに参加し貢献することが大切であるとされ、その際に大人は感性豊かに、一歩下がって子どもたちの探究・問題解決を支えることが重要と述べられています。それは思考を共有し、つなげていくこと (sustained shared thinking) と言われ、「2人もしくは2人以上が、知的な方法で一緒に取り組み、問題を解決し、あるいは概念について明らかにし、自分たちの活動を捉え直し、語りを広げたりすること」とされています。どの参加者も、ともに考えることに貢献し、理解や思考を深めていくことが求められるのです。幼児教育の効果についてはさまざまな縦断研究がありますが、彼女らの研究では、考えることを促す実践をした園に在籍した子どもたちは、学校での学業成績にもプラスの影響がある、という結果を導き出しました。考えるテーマについては、どのようなものでも構いません。虫や天気などの自然事象や、ピタゴラ装置などものの物理的な構造、お店屋さんにどうやったらお客さんをたくさん呼べるかなど、子どもたちが興味があり、みんなと一緒に考えられるものであれば良いのです。クラス全体でも、また少人数のグループでもいいと思います。何かについて問いをもち、ああでもない、こうでもないと考えている姿は、生き生きとして活動的だな、と感じられる瞬間です。その姿を求めようと思った時は、1つ1つのものごとを子どもに委ねていくと良いと思います。そうすれば、どうしても考えることが多くなります。少しずつ、そういった場面を増やしていくことが求められます。

　しかしながら、話し合いや対話の場面は、保育者にとって難しい

と感じられることでしょう。クラスの中で遊びの振り返りをしたり、何か目標に向けて話したりするのは、保育のスキルも、子どもたちの力もいることです。なかなか話が進まなかったり、意見が出なかったり、また言いたい放題で収集がつかなくなったりします。そこで諦めてしまうと、子どもたちにとって必要な体験を得る機会が失われてしまいます。話し合いを始めてみようと思うことが大切で、きれいにまとまらなくても、地道に子どもたちとの対話をすることが、後になって「やって良かった」と思うことにつながります。子どもたちが自分の意見が言えるようになることはとても重要で、この時期に学ぶことで将来の生き方に影響するものだと考えられます。

自己調整力と実行機能

　自分の意見をしっかりと言える、人の話を聞いて自分の思いや行動を抑制しコントロールする、といったことは自己調整力といわれます。粘り強さや目的達成への熱意などと並んで、情動の制御ができることで、他者との協働を可能にし、一生を通じて社会生活を円滑にするための社会情動的スキルの一部です。自己抑制といった言葉も使われますが、自己調整力には、自分の意見を的確に主張することと、感情のコントロールをして抑制することの２側面があるのです。こうした力は、４歳から５歳の間に顕著に育ち、それが後の人生の基礎となっていきます。自己主張については、５歳ごろがピークとも言われ、学校に上がる前のこの時期に自分の意見をしっかり言えるようにしておくことは大切なことなのです。

　また、そこには実行機能という脳の働きがあり、それは「目標を達成するために、自分の行いを抑えたり、優先順位をつけたり、頭

を切り替えたりする能力のこと」※6と定義づけられます。この実行機能があるために、自分より他人を優先できる・今のことよりも後の報酬や行動を優先できる・他者を信頼できる、といった未来に向かう子どもに育つことができるといいます。こうした力は、おそらく実際の場面で子ども同士が主張したり、ぶつかりあったりして徐々に身につけていくものであると考えられます。子ども同士の相互作用が活発に行われる環境とは、自分たちで考えて遊びや活動を創っていくものであると思われます。幼稚園やこども園・保育所がなかった頃のように、地域社会で子どもの居場所があり、しぜんな形で子ども同士が群れ合って、自由な時間を過ごせていたら、そのような機会は多くあるのではないかと思います。

　しかし、前述の「就学前教育の効果的な実践（EPPE）」研究では、より質の高い園では、挑戦的な課題に対して、子どもたちが主体となり、それをさらに伸ばしていくような実践が多くなされているということがわかってきました。しぜんで自発的な環境で子どもたちだけで遊びや活動を進めるよりも、そこに保育者の有効な関わりというのが重要になってくると考えられるのです。しぜんな状態で大人が関わらないよりも、保育者が意図性をもって援助を行い、子どもたちの活動をより豊かにすることで、より満足度の高い、充実した生活が送れるのではないかと考えます。

保育のあり方が子どもの未来にどうつながるか？

　こうした質の議論は、日本に限らず海外でも活発に行われてきました。幼児教育の世界的議論に大きく貢献したのは、ジェームズ・ヘックマン博士の研究成果でしょう。もともとは経済学者として計量分析を精緻化した功績でノーベル経済学賞を受賞している人物で

すが、日本でも翻訳がされた『幼児教育の経済学』[※7]で有名になりました。さまざまな研究結果をメタ分析し、特に恵まれない子どもたちに対して、幼児期への投資はその後の教育や職場研修よりもさらに効果が高いことを証明しました。この結果は、各国が幼児教育に力を入れるきっかけとなり、イギリスやニュージーランドなどが国家的に投資することとなりました。ヘックマンの取り上げたペリー就学前プロジェクトでは、質の高い幼児教育を受けた子どもたちは、一旦学力の向上が見られ、その後10歳くらいまでに学力差はなくなったものの、成人してからの40歳時点の調査では、収入や持ち家率が高く、生活保護の受給率や犯罪率が低いという結果でした。また、ハーバード大学のプロジェクト・スターという研究[※8]では、5歳児の時点で経験年数の多い保育者のもとで教育を受けた子どもたちは、後に年収が1100ドルほど高いという結果を示しています。その子どもたちの中学校時点での学力はほとんど差がなかったものの、他者とうまく関係性を持つことや、肯定的な態度、しつけられていることなどの非認知的技能が優れていることがわかっています。結果として収入増が得られたのであって、学力などの認知的技能よりも、よりよく生きる力が身についていることが幼児教育の成果としてあらわれたのではないか、という結論でした。

　こうしてみると、非認知能力や社会情動的スキルといったものは、幼児期により効果的に育てられるものであることがわかります。同様に、考える力や、考えようとする態度も、この時期に身につけることができれば、その心もちは一生続くのではないかと考えられます。育てるべき3つの資質能力のうち、幼児教育・保育においては「学びに向かう力・人間性など」の項目に「基礎」とついていないのは納得できるのではないでしょうか。園を改革し、子ども主体

の保育を進めたいと考えるのは、こうした意味でも合理的な判断であるといえます。

幼児期の終わりまでに育ってほしい姿

　幼児教育の効果の評価は、述べてきたように長期的視野に立って行うのが好ましいといえますが、短期的には「幼児期の終わりまでに育ってほしい姿」によって評価することとなります。

- 健康な心と体
- 自立心
- 協同性
- 道徳性・規範意識の芽生え
- 社会生活との関わり
- 思考力の芽生え
- 自然との関わり・生命尊重
- 数量や図形、標識や文字などへの関心・感覚
- 言葉による伝え合い
- 豊かな感性と表現

　要領や指針に示されたこれらの10の姿は、もともと2010年（平成22年）に文部科学省の協力者会議から出された「幼児期の教育と小学校教育の円滑な接続の在り方について」という報告書の中に出された12の姿がもとになっています。そこから、幼稚園教育要領ほかの改訂に合わせて10にまとめられたものです。育ってほしい姿の各項目には、これまで述べてきたような要素がたくさん盛り込まれています。

　例えば、子どもの主体性に関するものでいえば、「健康な心と体」には「充実感をもって自分のやりたいことに向かって心と体を十分に働かせ」とあります。また「自立心」には「身近な環境に主体的に関

わり様々な活動を楽しむ中で」とあり、子どもが主体的に活動することの重要性がうたわれています。非認知能力として重要な粘り強さについては、「自立心」の中に「自分の力で行うために考えたり、工夫したりしながら、諦めずにやり遂げることで達成感を味わい、自信をもって行動するようになる」とされています。自己調整力については「道徳性・規範意識の芽生え」において善悪の判断や共感性とともに「きまりを守る必要性が分かり、自分の気持ちを調整し、友達と折り合いを付けながら、きまりをつくったり、守ったりするようになる」としています。

　「数量や図形、標識や文字などへの関心・感覚」の項目では、「標識や文字の役割に気付いたりし、自らの必要感に基づきこれらを活用し、興味や関心、感覚をもつようになる」とされていますが、これは文字の１つ１つの読み書きを練習するのではなく、実際に自分たちの活動や遊びに必要であると思って読んだり書いたりすることを想定していると考えられます。これから紹介する３つの園では、年中や年長の話し合いではホワイトボードが多用されています。自分たちの考えをまとめていくために、保育者がボードに文字やイラストを混ぜながら書き留めていっています。子どもたちも、お店の看板を作ったり、自分たちの考えをまとめたりするのに文字を使います。子どもたち同士の話し合いにも、ホワイトボードや付箋、ウェブ図などを駆使している姿が見られます。いぶき幼稚園では、ホワイトボードや付箋を使って、小グループでの話し合いを自分たちで進める姿がありました。また七松幼稚園では、クッキングの資金を集めるために掃除をするスペースをみんなで測り、それをもとに場所と単価を書き込んで園長先生に交渉していました。高槻双葉幼稚園では、子どもたちが付箋で組み立て体操を頑張るポイントを出し

合ったり、ウェブ図で遊びに必要なアイデアを広げたりしていました。どの園でも、しぜんに文字や数が子どもたちの生活に溶け込んでいました。

　「社会生活との関わり」では、地域の人々や公共施設への関与が促されていることのほか、「遊びや生活に必要な情報を取り入れ、情報に基づき判断したり、情報を伝え合ったり、活用したりするなど、情報を役立てながら活動するようになる」という文言で情報教育の考え方が組み込まれています。この考え方で遊びや活動を進めていくと、しぜんと保育者からの指示や指導が少なくなっていくことがわかります。教えられてするのではなく、自分たちで情報を取りにいって、そこから作り上げていくことになるのです。虫の名前や飼い方など、本で調べる、他の詳しい子に聞く、隣の先生に聞く、地域の詳しい人に聞く、さまざまな方法があります。小学校や中学校の理科の先生に聞いてみてもいいでしょう。リレーのやり方や、早く走るコツなど、年長児や小学生に聞いてみてもいいかもしれません。昆虫館にメールしてみたり、専門家に連絡したりして飼い方を調べてみた子たちもいます。1つ1つの問いに対して情報が集まり、解決していく過程は、子どもでなくてもワクワクするものです。何よりも、自分たちで調べたり聞いたりすれば、さまざまな問題が解決してくものだ、という実感をもつことが大切でしょう。情報化社会を生き抜く子どもたちにとって、ICTにも慣れていくことは大切です。とりわけ七松幼稚園では、ICTについて先進的な取り組みがなされていますが、その根本はこうした子どもたちの興味関心、ワクワク感をどのように広げていくかにあります。機器の操作に慣れることを一斉に行なってはいませんが、自分たちが必要な時に、必要な情報を集めて判断し、役立てていくことが大切にされています。

他にも「協同性」「思考力の芽生え」「言葉による伝え合い」など、子どもたちの主体的な活動を通してみられる育ちはたくさんあります。一人一人がそれぞれの興味関心を追い求め、探究することから、友達同士で刺激しあって集団として面白い活動が生まれていく過程で、こうした力はついていくのです。

　子どもたちの遊びや活動が充実していくと、そのようすを残したい、伝えたいと考えると思います。保護者や小学校の先生、地域の人々やこれから入園を考えている人にとっても、有益な情報だといえます。その時に、10の姿をもとに話を組み立てていくと、子どもたちにどのような力が身についたかを論理的に伝えることができます。ただ、1つの出来事や活動について、いろいろな側面から育っているものを捉える必要がありますので、いくつかの姿を紐づける必要があるかもしれません。子どもの育ちは眼に見えるものではなく、捉えどころが難しいものです。大人からして見栄えのいい活動は、運動会や発表会などで大人の指示通りに動いている姿かもしれませんが、本当に子どもたちの資質能力を育てるのは、日々の遊びや活動の中で、お互いに話し合ったり伝え合ったりして、何かに向けて協同している過程です。それを伝えられるようにするには、私たち保育に携わる者が工夫をしていく必要があるでしょう。

　これから紹介する3つの園では、それぞれに子ども主体の保育を目指し、それを地域や保護者に伝える努力をされています。これまでは、ドキュメンテーションやお便りなどで発信をされてきましたが、今回は本書を通じてその取り組みをお伝えしたいと思います。

子ども主体の保育を目指して

　これまで保育を子ども主体にしていくことの重要性を述べてきましたが、ここからは七松幼稚園・いぶき幼稚園・高槻双葉幼稚園の事例をもとに、どのような考え方で主体性を発揮できる保育へと変革してきたかを論じたいと思います。

　戦後、昭和の時代に築き上げられた保育のあり方は、子どもの活動の成果として形にこだわったり、型にはめることで育ちを見やすくしてきたという経緯があります。そして、結果を求めることで、その過程にあまり目を向けてきませんでした。指導法は、特に私立幼稚園においては一斉保育が中心で、個別の対応や、個性に合わせたものは少なかったように思われます。集団での保育の意味合いを全面に押し出すと、一人一人の子どもの思いや願いはあまり考慮されないまま活動が進んでしまいます。

　それを、子どもを中心に考えていくと、これまでのやり方を変えていかなくてはならないことに気づきます。しかし、これまでの方法を踏襲するのではなく、新たな方法を見出すには、どうしたらいいのでしょうか。その際には、まず子どもの理解や捉え方を変えること、そして「こうならねばならない」という思い込みを捨てること、そして何が面白いか、何が子どもの力になっていくかを考えることです。では３つの園では、どのようにそれを現実化してきたのでしょうか。

形から姿へ、型から心へ

　七松幼稚園では、これまで行なってきた鼓笛隊や同じものをたくさん作らせるような保育から脱却を図るようになりました。それは形から姿へ、型から心へ転換を目指しているものです。子どもがやりたいことをする、ということを中心に、プロジェクト型保育に移行したのは、園長に亀山先生が就任してからのことです。先代から引き継いだ園を、どのように変えていくのか、後の章で詳しく述べられていますが、亀山先生自身がいろいろな園を見て、心で感じたことをもとに、これからは子ども主体での保育が必要、と考えたところから始まります。しかしその改革は、それまで徹底的に一斉指導を極めてきた園の先生方にとって、どれだけ大変だったかと思います。今までのやり方が通用しない、どうしたらいいかわからない、といったことがたくさんあったのではないかと思います。しかし、認定こども園への移行に伴い、園舎を建て替えたところで大きな転換点がやってきます。子どもたちが活動した成果としての形は、鼓笛隊の隊列の綺麗さであったり、劇での視線や声の大きさ、演技そのものであったりするのですが、これらは全て先生の指示のもと、決められたことをやるだけのことだったと思います。完成した演技をした時には、それなりの感動や達成感は得られるものです。これまではそれでも良かったのですが、今目指されているのは、子どもたちが自分で考え、探究し、自らの力で表現することなのです。

　園舎の建て替えにあたって、亀山先生から設計図を見せてもらいました。回廊型の建物で、さぞ立派なものができるのではないかな、と感じたのを覚えています。しかし、図面を見るうちに、気になるところがありました。階段と廊下が交差しているところで、子どもたち同士がぶつかりそうな気がしたのです。また、園庭は真ん中に大きな

築山を配置し、大型遊具とつながっているもので、子どもたちが冒険しながら遊びを深められるようなものでした。しかし傾斜や遊具の高さによっては、危険の伴うこともあるかと想像できました。
　こうした新しい環境では、使い慣れるまでにひとしきり時間と試行錯誤が必要です。おそらく今までどおりの方法であれば、先生たちが子どもたちに使い方を教えていたかもしれません。そこをどうやったら、子どもたちが自ら考えたり試したりして、使いやすくできるのか？　を工夫してみたいなと思い、亀山先生にはこう提案しました。
　「きっと、新しい園舎を引き渡してもらったら、先生たちもワクワクするだろうね。そこで、園庭の築山だけど、まず先生たちで一度登ってみて、危険箇所や使い方をシミュレーションしてみるんだよね。その上で、5歳児に築山探検をさせてみたらどうだろう？　それで自分たちでどうやって使ったらいいかを考えてもらおう。それを3・4歳児たちに伝えてもらったらどうかな？　階段と廊下のところも、ぶつかったりしないようにするには、どうしたらいいかを子どもたちに考えてもらおう。そのうち、ルールが浸透すれば、わざわざ言わなくても済むようになるかもしれないね。」
　実際、園庭のルールは5歳児たちが考えてくれて、三輪車を一方通行で使うことなど、張り紙にして遊具に貼られていました。そして、5歳児たちが、小さい組の子たちに使い方を教えていくような活動がなされていました。階段下の動線が交錯するところも、一時はコーンを置いたりしてぶつからない工夫をし、自分たちが慣れたところでそれらは撤去されたようです。
　こうして、普通は先生たちが先回りをして危険回避する方法を子どもたちに伝えたり、制限をかけたりするところを、まず5歳児た

ちに試してもらい、それを子どもたちどうして伝え合うようにしてみたのです。

　また、亀山先生は大きく行事の見直しをしました。運動会を「げんきまつり」と名称を変え、1学期にもってきました。そして劇遊びを「こころまつり」として、2学期終わりにすることにしました。そして3学期は「てづくりまつり」として、子どもたちが作ったものを展示する製作展を行うようにしています。「てづくりまつり」を最後にもってくることで、これまで作ってきたものを工夫して展示するだけなので、子どもたちの活動に余裕が出てきました。冬に向かって感染症などが流行っても、あまり気にすることなく行事に取り組めるようになったというメリットもあったようです。その上で、1つ1つを子どもたちの興味関心から出発するようにし、子どもの声を拾いながら進めるようになってきました。当然、成果としての形は「きちんと」ではなく、子どもたちのアイデアや発想を大切にしているので、お話のストーリーがオリジナルのものであったり、作ったものも子どもの手によるものだったりで、自分たちの世界観で作られています。しかし、大人の手によってレベルを上げるものではなく、あくまで子どもたちの考えが反映されるようになっています。

　3歳児のこころまつりでのことです。先生方は、子どもたちが普段、遊びの中で楽しくダンスしたり表現したりしているようすを保護者の方に見てもらいたいと考えていました。小さな子どもたちは、行事の際に大勢の大人が来ることで、いつもと違うようすを見せてしまうことも多々あります。時には泣いてしまったり、保護者の側を離れられない子もいたりします。そこで先生方は日常の子どもたちのようすを録画し、笑顔で生き生き表現している姿をとらえて、それを編集して見てもらってから、子どもたちの表現を楽しん

でもらうことにしました。舞台の上で決まった動作を披露するのではなく、そうした表現する喜びを感じてもらいたい、という先生方の願いが機器を使うことで実現した一コマでした。

　このように、できあがった形を見せることから普段のありのままの姿を感じてもらうこと、型どおりの行事から心を伝えられる行事へと転換が図られたといえます。いつもの保育を子ども中心にすることで、姿や心の育ちに注力できるようになったといえるのです。

結果から過程へ

　七松幼稚園の例でもありましたが、これまでの保育では結果を求めるものが多かったように思います。先にも挙げられたように、運動会や発表会など、どれだけきちんと綺麗に、揃ってできるか、ということで評価されてきたように思われます。これらの行事を、どこまで子どもたちの手に渡せるか、というのがどの園でも課題でした。高槻双葉幼稚園が所属する（一社）大阪府私立幼稚園連盟では、連盟が募集して実施する研究プロジェクトの1つとして、「プロジェクト型保育」を目指すものがありました。高槻双葉幼稚園の現在主幹教諭の伊藤先生もそこに参加されていましたが、その中で行事について見直してみることにしました。4月に研究を始めて、直近の大きな行事が運動会だったのですが、各園でどれだけ子どもたちと考えているのか、あるいはどれだけ子どもたちが相談して運動会の内容を決めているのかを聞いてみました。

　そうすると、多くの園で先生たちが相談して決めている、もしくは元々やることが決まっている、という実態がありました。割合としては、半分以上がやることが決まっている、あとの4割ほどが先生たちが相談して決める、子どもと相談して決めていくのが1割に

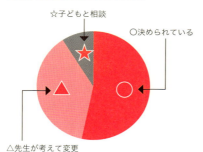
■誰が運動会種目を決めているか
☆子どもと相談
○決められている
△先生が考えて変更

■子ども主体？　保育者主体？
保育者主導で進められる運動会
子どもの主体性をいかす運動会

満たない、ということになりました。

　高槻双葉幼稚園も、すでに運動会でやることが決まっていました。種目は全て決まっている。リレーを走る順番は身長順と決まっている。パラバルーンは創設以来、「ビューティフルサンデー」で振り付けが決まっている、ということでした。昭和の頃は（今でもそうかもしれませんが）、運動会は一大イベントでした。その行事をきっちりと仕上げることが、当時は最良の方法であったのだと思います。大人目線で完璧なものだったと思うのですが、今考えるとそこには子どもたちが考えたり、工夫したりする余地は見られないのです。先代の園長先生の推薦のもと、主幹教諭の伊藤先生が連盟のプロジェクトに参加していたこともあり、そこでの結果をもとに、どうやったら子どもたちで相談したり、考えたりする運動会ができるのか？を追求することを始めました。まず、リレーなどをクラスを解体して４チームにしていたのを、クラス対抗にすることによって、話し合って決められる環境を整えました。そして、これまでは体育指導の先生のもとで組み立て体操をしていたものを、子どもたちが技を考えることにしました。体育指導の先生の工夫で、「みんなでバスを作ってみよう！　どんなやり方でもいいよ」という指示が出されて、

子どもたちがああでもない、こうでもないと相談し始めました。話し合っている子どもたちの姿はとても生き生きして楽しそうで、先生方もこの方法は良いな、と感じられたそうです。そのうち、「バスは難しいよ」という声から、各クラスで思い思いのものを作ることにしました。条件はただ1つ、クラスみんなで1つのものを組み立て体操で作ること。すると、「ケーキ」「ひまわり」「かめ」「くるま」といった、それぞれのクラスの個性が生きたテーマで組み立て体操が進んでいきました。今では自分たちで種目を考えたり、どうやって練習するかを考えたりして運動会を進めています。ただ、「ビューティフルサンデー」のダンスは今でも引き継がれています。2曲目に新しい曲を入れて、子どもたちのようすに合わせ、振り付けも考えていますが、1番はこれまでの振り付けをそのまましているそうです。どうしてですか？　と聞いてみると、「もう卒園児の方が保護者で来られてたりするんですよね。そのときに、一緒に踊れるんです！」ということでした。良き伝統と自分たちで考える新しい工夫がバランスよく取り込まれていて、素敵な運動会となっていました。
　さらに、運動会だけでなく遠足なども自分たちで考えて計画を立てています。例えば京都市動物園にいくことになるのですがそこで子どもたちはまずグループに分かれて動物園をどう回るかを考えます。そもそもグループに分かれるときに人数を最初に決めてはいませんので、どうやったら人数を均等にできるかを考えています。その上で動物園に行ったらやりたいこと、グループの中での役割分担をみんなで決めています。
　高槻双葉幼稚園では、話し合いの場面で先生がウェブ図を使って子どもたちの考えをまとめていきます。動物園でやりたいことや、何かのテーマを挙げて、そこからいろいろ派生してたくさんのアイ

時代が求める子ども主体の保育

子どもたちが考えたウェブ図がいろいろなところに貼ってあります。

デアが生まれてきます。それをうまく整理して行くのです。そして先生がまとめていくうちに、今度は子どもたちもそのウェブを使おうとします。遊びの中でいろんな国の名前を考えて出していた子どもたちもいました。

　こうしてアイデアを広げるということを見つけた子どもたちは、自分たちの遊びを様々な方向へと導いていくようになります。

　ある年、全体で京都市動物園に行った後、もう一回園外保育に行けることになりました。その時、子どもたちはさまざまなアイデアを出してきたのです。お菓子の食品工場やアスレチックなども候補に出ましたが、コロナ禍の折でそれらの候補は外されてしまいました。その上で市内のいくつかの公園から候補を選ぶことになりました。１つはあくあぴあ芥川（自然博物館）、もう１つは高垣町公園、そして３つ目が城跡公園でした。子どもたちのそれぞれの候補に対しての賛成者は１人、１人、そして27人でした。候補のうちの２つは一人ずつの意見でしたが、それぞれの公園のメリットを全てあげて考えた結果、「あくあぴあは（生き物が見られるけど）動物園にいった

35

からいいよ」「高垣町公園にあるものは城跡公園にもあるからいいよ」と、城跡公園が高垣町公園の要素も含めていることがわかり、全員が城跡公園ということで納得したのです。

　OECDが行なっている国際学力テストでは、日本の子どもたちは優秀な成績を収めています。特に科学や数学においてはトップクラスの成績を維持しています。しかしその中で読解力だけは課題があるとされています。読解力のうちでも、特に根拠を示して相手を納得させるような論述をすることに課題があると言われています。他にも情報の信ぴょう性を問うことであったり、自分で自由な意見を述べることであったりといったことにも課題がありますが、遠足の行先を決めるように、お互いの意見を出し合いその良いところを認め合いながら１つの結論に持って行くということは、これから協同的な学びを進める上で大切な力であると考えられます。遠足に行けることは子どもにとって楽しみではありますが、どこに行くかを自分たちで決められるというのは、そこに向かう子どもの気持ちを大きく盛り上げます。運動会や遠足など、結果をどうするか、ということにこだわるのではなく、そこに行き着くまでの過程を大切にすることで、子どもたちの主体性が育まれていくものと思います。自分で決めた、という有能感は、子どもの心に深く根付いていくものです。自分たちの人生をどう決めていくか、その過程を重視することで、大人になってからもその力は続いていくのです。

一斉から個別へ、集団主義から主体的に

　一斉保育、という言い方が一般的に使われているように、折り紙の指導にしても、絵を描くにしても、楽器を鳴らすにしても、一斉に同じペースで進めていくことがスタンダードであるような土壌が

ありました。特に園児数の多い私立幼稚園では、30余人の園児たちにどれだけ上手く教え込めるかが、保育者の腕を示すものでした。少人数の園であったり、長時間の家庭的な保育をしてきた園では、絵を描くにしても2〜3人を呼び寄せて行うことも多いのですが、多くは一斉保育の形態が行われてきたのではないでしょうか。

　いぶき幼稚園も、ご多分に漏れずそんな園の1つでした。現在の園長、阿部先生に代わってからも、しばらくは一斉指導が主流だったように思います。そんな中で、阿部先生はどうしたら子どもたちの主体性が発揮できる保育ができるだろうか？　と考えていました。そこで、2018年から私が園内研修に関わるようになったのですが、まずいろいろな園での子ども主体の保育を見てもらった後で、先生方に「今、先生のクラスで流行っている遊びはなんですか？」と聞いてみました。すると、「泥団子にはまってます」「スライムを作り始めました」「外遊びが大好きです」といった返答が返ってきました。それを聞いて、先生方にお願いしたのは、「先生のクラスは泥団子をしっかりやってください。先生のところはスライム。隣のクラスが泥団子をやっているからといって、無理して泥団子をする必要はありません。そのまま、子どもたちが興味を持っていることを深めてみてください！」ということでした。究極は、「隣と同じことをしない！」という目標を立てて、それぞれのクラスで違ったことを探究することにしました。泥団子をしていたクラスはどうやったら泥団子が固まるか？　という実験をしており、子どもたちのアイデアは「冷凍庫に入れたら固まるかも！」というものでした。まずは予想を立てて、固くなるのは「冷凍庫・靴箱の上・どちらも変わらない」の3つのうちから考え、大部分は冷凍庫と答えたのに対して、3人が「どちらも変わらない」と予想したのです。実験の結果、冷凍庫に

時代が求める子ども主体の保育

保育現場のこれまでとこれから

なったのですが、「周りだけ凍る・真ん中だけ凍る・全部凍る」で再び予想し、全部凍る、という実験結果を得ていました。まるで理科の仮説実験授業のようでした。スライムのクラスも、何回もスライムを作り、色をつけたりして楽しんでいました。クラス1つ1つが、それぞれのやりたいこと、興味のあることをすることで、横並びの保育が少なくなってきたのです。
　もう1つお願いしたのが、先生方の得意なこと・不得意なことを言ってもらうことでした。ある先生は、「カエルが大の苦手」ということで、子どもたちにもそれを公言していました。それでクラスの子どもたちはカエルを見つけると、隣の先生のところに持っていくのです。先生も人間ですから、苦手なものがあるのが普通です。それを自己開示して、認めてもらい、理解してもらうことが大切だと思うのです。同じように、子どもたちにも得意・不得意があります。一人一人、感じ方が違っていて、その子の世界があるのです。実は大人もそういうところがあるのですが、「大人だから」「仕事だから」で我慢していることが多いのではないでしょうか。まずは違いがあること、快・不快があるところを受け止めることから始めると、子ども一人一人の理解にもつながると考えられます。個別最適であること、というのがこれからの保育や教育で大切なのですが、こうした身近なところから大人が感じられると、子ども主体の保育へとつながるのではないかと思います。子どもたちも、大人が自分のことを受け止め、大切にしている姿を見ると、そうしていいんだ、そうしよう、という気持ちになっていくのです。
　最終的に、いぶき幼稚園でも行事を見直していきました。先生方が考えられていたのは、ネックだった音楽会をどうにかすることでした。いぶき幼稚園は地域でも有名な音楽に力を入れている園でし

た。5歳児が小学校5年生レベルの鍵盤ハーモニカを披露し、その集大成である音楽会は子どもたちも先生方も演奏を仕上げることに必死でした。何のためにやっているか意味を見出せないような、苦しい保育だったのです。そこでまず音楽指導の先生に辞めていただき、その上で音楽会を違った形にすることにしました。園で相談した結果、音楽会の代わりに「いぶきわくわくフェスタ」という文化祭的な行事にすることになりました。文化祭ですから、各クラス全く異なったテーマや内容でお店を出すような形になりました。ボーリングや魚釣り、ラーメン屋さんやアクセサリー屋さん、アイドルばりにダンスを披露するところ、「やっぱり合奏がしたい」クラスもありましたが、全て手作りの楽器で演奏をしていました。さまざまなお店や出し物があるのですが、毎日作ったり考えたりしながら、振り返りを大切にしていました。5歳児になると、クラスの中でグループに分かれて、ホワイトボードを囲みながら、先生に頼らず自分たちで振り返りをしていました。その姿は、園内研修での先生方の姿に重なるものでした。

　園内研修では、各年齢ごとにグループとなり、振り返りをしていきます。まずは子どもたちの良かった姿や育った姿を付箋で出し合うところから始めます。その上で、期待したい姿を出して、付箋をまとめていき、そこにタイトルをつけていきます。そうしているうちに、先生方自身が何を子どもたちに求めているかがわかってきます。その中で生まれてきた「考える→試す→振り返る」というサイクルで子どもたちの活動を組み立てていく、ということが決まりました。特に5歳児を担当していた先生方が、研修をする中で見つけ出したそのサイクルは、その後も保育を考える根幹となっています。

　いぶき幼稚園の預かり保育は、主にベテランの先生方が担いま

す。3・4歳児のコアの時間の担任は、ベテランの先生方が経験の浅い先生を支えながら進めているのに対して、預かりの先生たちの方が経験値は高くなっています。それは、さまざまな年齢やクラスの子がやってくる預かりの時間の方がより高いスキルが必要だから、という阿部先生の考え方です。ある5月ごろの研修の際に、預かりの主担当である八木先生から相談を受けました。なんでも、帰る際にお片付けをする習慣がなかなかつかない、ということでした。納得できるのは、子どもたちの帰る時間がまちまちで、自分たちが出してきた道具やおもちゃではないものを、最後まで残っている子が片付けなければならない羽目になる、という実態でした。そのため、片づけようという意欲がなかなか湧かないのでした。そこで、1つ提案したのは、片付けを「労働＝報酬」の枠組みで考えることでした。まずどこを片付けるかについてグループでの担当を決め、それに対して地域通貨として「1いぶき」を支給する、というシステムでした。主に5歳児が担当するのですが、ルーレットで担当する場所を決め、片付けて、報酬をもらい、それが10いぶきまで貯まると、ガチャガチャができる、という制度に子どもたちで決めたのです。ガチャガチャ自体も、子どもたちの手作りで、出てくるカプセルの中にはこれまた子どもたちの手作りおもちゃが入っているものなので、あまり費用はかかっていません。でもそのガチャガチャ目当てに預かりに行きたい子が増えるくらい、魅力的な活動になったのです。ちょうど、幼児向けの月刊誌に「はたらくひと」の特集が組まれていたのもあり、導入は容易に行われたようです。「でも、報酬を得ないと働かないなんて、ちょっと保育者としてどうかと思うところもありますよね。一緒にボランティアについても話しておいたらどうでしょう？」とアドバイスしておきました。

年度末の3月終わり頃に、園に行く機会があり、たまたま卒園式を終えて何日か経った頃で、5歳児が4歳児に引き継ぎをする会を見せていただくことができました。その時、5歳児たちは、ルーレットで片付けの担当場所を決めること、10いぶき貯めるとガチャガチャができること、そして掃除のやり方などを4歳児に伝えていたのです。4歳児は興味津々で聞いていました。一通り説明が終わったあと、ある5歳児が「それからね、もし先生が忙しそうだったり、誰かお友達が困っていたら、ボランティアって言ってね、お手伝いすることができます。その時はお金はもらえないけれど、『ありがとう』って笑顔で言ってもらえるんだよ」と話していました。1学期当初にねらっていたことが、年度末になって成果となってあらわれてきました。こうしたねらいは、先生方が子どもたちのようすを見て研修や打ち合わせの中で決めていて、その上で活動を考えていきます。保育のねらいを立てるところから、実践、振り返りまで、先生方が主体的に行なっていることがよくわかります。ちなみに、5歳児の担任たちは、1学期当初「推しが語れる5歳児にする！」というのをねらいにしていました。子どもたちにやる気や動機づけをするのに、好きなものを語ることが一番良いのではないか？　と考えてそのテーマになっていました。その引き継ぎ会が終わったあと、ある5歳児が先生に「あのな、先生チーズ嫌いなの知ってるけど、〜〜っていう店のチーズベイクドポテトが最高やねん。一度だまされたと思って行ってきて！　絶対おいしいから！」と語っている姿を見てしまいました。先生に聞くと、「他の子も、あの子はこれ、この子はこういうことでしっかり語れます！」とのことでした。ねらった姿が結果としてあらわれるのは嬉しいことです。しかも、その求めている姿は、先生方が自分たちで話し合って決めていったことです。

同じように、子どもたちも自分たちがやりたいことを話し合い、それに向かって活動を進めています。
　これまで見てきたように、主体的な保育を進めるには、園内研修が大切です。3つの園に共通するのは、研修で先生方がグループになり、まず子どもたちの主体的に活動する姿や育った姿を付箋で出し合うことです。そこからさらに課題点を書き出し、解決策を考えていく一連の作業を毎回のように進めていくのです。出発点は子どもたちの良いところ探しです。そうして、子どもたちの成長を先生たちの間で喜び合うところから始めます。困り事から始めても良いのですが、そうするとつい下を向きがちになるので、最初の部分は良かったところを出し合うところからがいいでしょう。子どもたちと振り返る時も同じです。この営みは、子どもと大人で鏡になっていることが多いです。先生方が経験の多寡にかかわらず活発に意見を出し合える雰囲気であれば、子どもたちからも意見が出てきやすいようになります。先生方がグループになっている時は、外部講師の私も園長先生もあまり中には入りませんが、同じように子どもたちも先生に頼らずに話し合いができるようになっていきます。子どもたちも、先生も、それぞれ個々の考えを出し合った上で、主体的な個が集まる集団として成り立っていくのです。

主体的な保育へのアプローチ

　子どもを主体にする保育を目指していく際には、いろいろなアプローチがあります。本書では、特に私立幼稚園を中心として、主体的な保育を目指す道筋について、3つの園の事例をもとに考えていきます。七松幼稚園では、子どもの主体性を中心に置きながら、まず新園舎への移行を中心に、改革を行なってきました。また、ICTの活用を軸に、保育者と子どもの両方が、自分たちの考えをまとめたり、探究したりする保育を模索してきました。また、高槻双葉幼稚園では、保育環境評価スケールの活用から、子どもたちが興味を持って遊べる環境へと見直しを行なってきました。その上で、これまで先生が全部決めてきた行事の中身から変え始め、今では子どもたちが中心になってものごとを進めていく園へと変貌しました。いぶき幼稚園の部分では、園長先生自身が自園の組織風土に抗いながら、徐々に自分の理想とする園へと改革するプロセスが描かれています。自分の方針を否定され、職員の一斉退職という危機に直面しながらも、賛同を得て改革を進めていく過程が興味深いです。

　これらの事例をもとに、どのような園内研修やマネジメントが、子ども主体の保育への変革を可能にするか、またそれが子どもたちの主体的・対話的で深い学びにどうつながっていくかを考えたいと思います。

参考文献
※1　秋田喜代美・小田豊（編）『学びが広がる・深まる　園内研修でもっと豊かな園づくり』中央法規　2023年
※2　秋田喜代美，淀川裕美，佐川早季子，鈴木正敏「保育におけるリーダーシップ研究の展望」東京大学大学院教育学研究科紀要　Vol. 56 pp.283-306　2016年

※3 　上田敏丈，秋田喜代美，芦田宏，小田豊，門田理世，鈴木正敏，中坪史典，野口隆子，箕輪潤子，椋田善之「事業継承における私立幼稚園園長のリーダーシップに関する研究」国際幼児教育研究　Vol.26　pp.51-64　2019年

※4 　文部科学省『生きる力　学びの，その先へ』2019年

※5 　シラージ，キングストン，メルウィッシュ（秋田喜代美・淀川裕美　訳）『「保育プロセスの質」評価スケール』明石書店　2016年

※6 　森口佑介『自分をコントロールする力 非認知スキルの心理学』講談社現代新書2019年

※7 　ヘックマン（古草秀子　訳）『幼児教育の経済学』東洋経済新報社　2015年

※8 　Chetty, Friedman, Hilger, Saez, Schanzenbach, & Yagan『HOW DOES YOUR KINDERGARTEN CLASSROOM AFFECT YOUR EARNINGS? EVIDENCE FROM PROJECT STAR』The Quarterly Journal of Economics, Volume 126(4), pp.1593–1660　2011年

文部省『保育要領』1948年

文部省／文部科学省『幼稚園教育要領』1956年，1964年，1989年，1998年，2008年，2019年

幼児期の教育と小学校教育の円滑な接続の在り方に関する調査研究協力者会議『幼児期の教育と小学校教育の円滑な接続の在り方 について（報告）』2010年

園舎の建て替えから始まるICT化とプロジェクト型保育へのあゆみ

～ミドルリーダーと共に～

実践事例 **1**

認定こども園 七松幼稚園 園長
亀山 秀郎

第1章 変革前の七松幼稚園

(1) 園の概要と入職当時

　本園は、令和5年で70周年を迎える幼保連携型認定こども園です。園の創立は昭和28年、私立幼稚園として子どもの教育を行い、私の祖父・岡野敏雄が創立以来、90歳まで理事長・園長として園の運営をしてきました。私は幼い時から園に出入りすることはありましたが、本園に正式に勤務したのは、兵庫教育大学大学院を修了した、平成17年4月になります。入職してからは、周りの教職員からは、いよいよ跡継ぎが入ってきたという目で見られるような中、仕事を始めました。入職した4月、入ってすぐにJRの脱線事故があり、その対応で右往左往したこと、自分自身の仕事を見つけることが大変でした。理事長・園長が長年積み上げてきた方針、働く姿勢がきっちりとしていたため、プリントの折り方までも仔細に決まり事があり、それを丁寧に真似することに必死でした。雑務の刺繍などは、なかなか他の教職員のような真似ができなかったので、もっぱら園庭作業や大工仕事を中心とした雑務が1日のほとんどでした。一方で、畑で鍬を使った畝の作り方も、教職員のほうが上手で、そういったことから見様見真似ではじめ、大工道具も祖父である園長やスクールバスの運転士から教えてもらいました。当然、大学院修士課程で学んだことを生かせる場所はありませんでした。

(2) 入職当時の学び

　自分自身の経験では、学部、大学院と、野外活動のリーダーの活

動を中心として、参加者の子どもたちに考えさせて活動を展開する、「体験学習」をメインに行なってきました。しかし、実際に働く園の現場は違いました。経験の浅い者は、保育や仕事について経験のある教職員の教育手法を真似て、きっちり指導できるようになる形が徹底されていました。園長や経験のある教職員が指導する中で、「ここまで子どもたちができるものなのか」と驚く程、組体操、絵画、鼓笛隊、和太鼓などの取り組みを行なっていました。特に、二科会が主催する「こども二科展」の創設以来、毎年入選作品と団体賞を受賞できるようにすることが、本園の毎年の目標であり、子どもたちも保護者の皆さんも喜ぶ事業だったので、熱心に学ぼうとしました。

また、その本園の指導法に惹かれて保護者も行事に参加していました。当時は、関西テレビ主催のキンダーフェスティバルという行事があり、約30園が西宮球場や大阪ドームに子どもと共に集まり、お遊戯やパラバルーンを行うのを、私自身が幼少期から見ていたため、この行事を成功させて、子どもたち、教職員、保護者と達成感を味わうことが喜びでもありました。

私自身、一斉型の指導法ができるわけではなかったので、ほかの教職員に指導できるようになりたくて、鼓笛隊の指導、体育指導や絵画の研修会に参加しました。さらに、このキンダーフェスティバルに参加する園に、当時の私は非常に関心を持っており、指導法も含めて勉強しにうかがうことが多々ありました。指導法の形は違うが、七松幼稚園とは別次元で、素晴らしい一斉型の指導法を実践していることを学び、どう深めればよいかを考えていきました。今思う有難かった点は、岡野園長は私自身が決める研修先について、口を出さなかったことで、どのような研修であっても後押しをしてくれ、遠方の園見学についてもうまく繋げてくれました。特に、岡野

園長が私立幼稚園の全国組織の教育分野の委員もしていたことから、日本各地の園に知り合いの園長がいたことも稀有なことでした。しかし、自分自身でどういった子ども教育が求められているのかについて、どのような園が先駆的な取り組みであるかはわからないままでした。

(3) 外と繋がることによる学び

　私は大学院修了後も、日本保育学会での研究、実践発表を続けていたので、学会でも研究者だけでなく園長先生が発表している場にも参加させていただくことができました。私は学部、修士と子どもと自然体験を研究の中心としてきたので、論文や園の書物で読んで存じ上げていた安部富士男先生が岡野園長と知り合いであることを知り、真っ先に園見学にうかがいました。門をくぐると素晴らしい藤棚があり、園舎と共に傾斜のある山で子どもたちが、当たり前の生活の中で自然体験を行い、野菜や木の実の収穫、またヤギやニワトリなどと共に生活をしている場面を見ました。子どもたちの生活は、自分自身が野外活動のリーダーをしていた時に似ており、子どもたちが話し合って当番の仕事をしたり、教職員がその活動を支える働きかけをしていました。安部先生自身も、子ども、教職員と共に考えて、園の活動を支えている姿勢を感じました。

　このような私の学びを、自園で生かすことについて園長は肯定的でした。ちょうど、隣地を法人が購入する機会ができ、そ

筆者の学会でのポスター発表

園舎の建て替えから始まるICT化とプロジェクト型保育へのあゆみ 〜ミドルリーダーと共に〜

こに実のなる樹を植え、田んぼも整備しました。この実のなる樹には、桑の木も取り入れ、そこから園の活動の中で養蚕の活動も始めました。初年度は養蚕を大失敗してたった１つの繭しかできませんでした。そこで、自分自身で、教育改革推進モデル事業という文部科学省の委託事業補助金の申請書を書き、養蚕と織物で補助金を受け、さらにさまざまな園にうかがい、学ぶ機会を作りました。これまでの七松幼稚園の歴史の中で、園舎内外が全てきっちり作りこまれてきただけに、新しい隣地購入によってできた「余白」は自分自身のこれまで学んできた自然体験活動を子どもたちに伝える機会の場として機能させることができました。本園職員も新しい場所について、私が行なってきた実践については、許容してくれたと感じています。自然体験の場以外には、子どもたちの運動遊びの機会を増やすことを考え、廃棄するマットレスを置いたり、吊ったボールをたたくといった運動器具を設置するなど、ほかの先生達に迷惑にならない程度に色々なものを仕込む活動も行い、子どもたちの運動遊びの場を盛り込むことも行いました。このような取り組みは、岡野園長の助力の元、初めて自園の実践の中に、私が学んだことを入れることができました。

実践事例１

新しい園地での投げる動作ができる遊び場

新しい園地での田んぼでの田植え

49

(4) デジタル化の最初の一歩

　さまざまな園にうかがうと、園の指導方針の多様性があり、自園の方向性とどのように向き合えばよいかを悩みつつ、同時に多くの園が自園ホームページや写真などで情報発信をしていることに気づきました。ホームページや「ようちえんネット」というブログを用いた情報発信については、園の誰も手を付けていなかった仕事でした。これが、園情報の発信という形で私の中心的な仕事になりました。子どもと先生たちの取り組みについてや図書だよりの広報の掲載をすることに繋がりました。

　このほか、自園では、方眼紙を使って升目に合わせてきっちり手書きで園だよりを書くこと、また４月当初は担任の手帳に子どもの情報をきっちり丁寧に手書きで書くことが通例でした。子どもの個人情報はエクセルで一括管理できているのですが、それを改めて手帳に手書きで書きうつすという業務が４月の第一週目の労務となっていました。最初のパソコンを使った業務改善は、ここから始まりました。年に一回の作業でしたから、担任の手帳のサイズにきっちり収まるようにエクセルのマスを修正、縮小することで収まりました。また、作品展の準備をする時に、子どもの絵画の下に名札をつけるのですが、この字についても、太さや見え方について、細かい指導がありました。一度、小さすぎるのが目立った年には、前日にすべての絵の名札をやり直す事態にもなり、前日の帰宅が夜半になったこともありました。こういった事態を防ぐ上でも、名札を手書きでなく、パソコンを使った表示に切り替えることの提案をして、受け入れてもらうことができました。このような取り組みについては主任や先生方も協力してくれ、パソコンやデジタルカメラといったデジタル機器を用いた取り組みが自分自身だけでなく、他の

職員にも広がっていくこととなりました。しかし、なかなか他の事もデジタル機器を用いてやっていこうということまでにはいかず、事務的なことのみで、発展的な試みには至らず、ミドルリーダーである中堅教職員からの意見を吸い出して、新しい取り組みに至ることはありませんでした。

第2章 園長就任からの変革

(1) 研修企画と学び合いのスタート

　さまざまな園見学に行く中で、職員お互いが意見を出し合い、言い合える関係性が作られていることを実感しました。私自身は、キャンプ活動において、参加者に対してイニシアティブゲーム（一人では解決できない課題に対し、グループのメンバーひとりひとりの能力を出し合って協力しながらその課題解決する活動）を企画することはよくありました。しかし、自分が所属している組織に対してやる経験はなかったので、外部講師の松木正先生（マザーアース・エデュケーション主宰）にお願いすることにしました。当時の姉妹園の保護者でもあったことから、保護者視点で園の問題点もご存知だと感じてのお願いでした。講演と共にグループワークを行い、自己開示する中で、参加した先生の中には、つらい園業務を振り返ることで、涙ぐむ者もいました。これまで私は副園長としての立場で、関わっていましたが、心の内を明かしてくれたことに感謝しつつ、組織の先生達の多くが、何とかしていきたいが、何から手を付けて

よいかと感じているものと分かりました。グループワーク最後には、オールスタンドアップを24名の先生達としましたが、最終的には成功しませんでした。しかし、全員でいっしょに再び立ち上げる方向性が見えた機会となりました。

　外部講師なしで行なった研修としては、付箋を使った振り返りがあります。今でこそ、教育分野で認知されてきていますが、1年目からベテランまで意見を出すという練習となりました。毎学期末に行うことで、徐々に慣れていってもらうこととなりました。最終的には、全職員に対して模造紙を提示して、発表を行う形まで流れができていきました。一方で、課題として挙がった点についての改善については、毎回壁が立ちはだかります。教育時間内にどのようにするのか、これまでの園行事の形を崩さずにどのように先生達が子どもたちを指導していくのか。当然、この時点では、個々の子どもの主体性よりもクラス運営の方が比重が大きいので、担任ひとりの力ではどうやっても解決しない、構造的な問題が立ちはだかることとなりました。

　問題点となるのは、①1日の時間内、学期という期間内にどのように業務、雑務を終えるのか、②職員体制をどのようにしていくのか、③園の保育環境、労務環境に何が足りないのか、④行事をどのように行なっていくのか、⑤子どもにどのように向き合っていけばよいのか、これらすべての課題が同時に出るので、まず自園が取り掛かれることは何があるのか、自園に近い実践は何なのかを知りたくなってきました。

　このほか、園外で企画されたグループワークを中心として行われた研修にも先生を派遣することもしました。しかし、少ない人数で行なっても学びが少なかったり、今の自園の取り組みに結び付けられ

ることができていなかったりしました。研修後、「研修どうだった？」と聞いても、「ワールドカフェっていきなり言われてもわかりません」と言われることや、「明日の自分クラスに生かせるものではありませんでした」と、率直に伝えてくれ、この研修を生かす方向性がまだまだ見えていないこともわかりました。

自園で付箋を用いたグループワーク

(2) 職員みんなで園見学へ

　当時、園舎の耐震化と認定こども園化が必要な時期だったため、主任と共に、先代岡野園長の繋がりで、園舎設計と保育を見せてもらいに日本各地の約5か園に園見学にうかがうこととなりました。主任も当時の姉妹園以外は、園見学に行くことが少なかったので、園の組織体制や行事への取り組みについて学ぶことが多かったです。まずは、園舎を含めた子どもの活動といった、目に見えるものから学ぶスタートとなりました。自園の取り組みに似た園を最初の段階は選んでいったので、志方主任と比較的スムーズに自園に生かそうという雰囲気になりました。このほか、先代岡野園長の指定するもの以外の研修も増やしていき、これから向かうべき方向性を示している園の実践発表も聞く機会を増やしていき

自然体験を深める研修

53

ました。

　また、外部で企画される公開保育に教職員を派遣することも増やしていきました。他園の雰囲気から学ぶことは、担任の先生達もあるだろうと思いはじめました。しかし公開保育後その先生達に目立った保育の変化は見られませんでした。研修報告を聞いても、公開園はすごかった、こんな物が保育環境にあったという話は聞くことができましたが、自分のクラスに生かせる微々たる製作や音楽活動以外は、変化は生まれずにいました。園を開いてくれる機会があるにも関わらず、なかなか生かせない状態が続くのです。

　そのような中、創立記念日で園が休園になった時、全常勤職員で、せんりひじり幼稚園（大阪）へ見学にうかがいました。子どもを見取ることだけでなく、職員の同僚性についても素晴らしい体制で日々の保育を行なっていることを、昔から存じ上げていたので、園長の安達譲先生にご快諾いただき、実現しました。

　私個人は、以前あった公開保育を少し見たことがあり、子どもたちの取り組みについては、一定の理解はあったつもりでした。職員が見学させていただくことで、どのような受け止め方をするかは不安でした。このような取り組みは、自園にはあっていないとか、どのように進めればよいか、園長が道を示すべきだなど言われるものかと思っていました。しかし、園長交代、認定こども園化という道筋を、これまで園見学を共にしてきた主任が新しい方向性を徐々に示してくれていたおかげで、イメージは掴んでく

職員と共に施設の見学

れたようでした。

　一方で、子どもの主体的な活動の素晴らしさはもとより、子どもとの向き合い方、保護者への保育の発信、また日々職員同士の同僚性を伴った語り合いと情報共有については、自園の遥か先を行っているように感じたようでした。しかし、安達譲先生、安達かえで先生、その他主任、ミドルリーダーの先生方との振り返りを通して、自分たちにもできないことはないという実感をお土産にいただくことができました。

　その後、いつもすぐにすべて綺麗に片づけてしまう砂場を、そのままにする取り組みや、砂場の道具をすべて見直す、などから手探りで行いました。その取り組みを全日本私立幼稚園研究機構の幼児教育実践学会で発表することも行い始めました。これも志方主任とフリーとして複数配置したミドルリーダーたちとの初めての取り組みのひとつでした。

(3) 新園舎と園庭

　園長就任2年目の最も大きな取り組みが、認定こども園化による新園舎建築でした。これまでの自園の取り組みを継承しつつ、新しい取り組みを作れる園舎が必要と考えました。特に考えたことは3点あり、①子どもと保護者にとって第二の家である認定こども園、②人と人とが交流できる場、そして③都会にありながらも自然に親しめる園庭でした。一方で、それ以前に始まったのが、仮園舎内での保育のやり方の変化でした。「人と人とが交流できる場」としてのコンセプトはこの段階から生まれようとしていましたが、職員が滞在する場所が3か所に分散される中、一斉の行事、公園の利用等、人と人とが交流できるように職員が必死に考えてくれました。この

アイデアは、志方主任やミドルリーダーが他園に学びながら新しいことに挑戦する気持ちがあったからと感謝しています。この時には、初めて保護者を節分の鬼役として協力してくれる取り組みを行いました。保護者の動きの指示も志方主任やミドルリーダーがしてくれるようになってきました。

　また、仮園舎での活動により、保護者からは行事はどのように進めていくのかについて、多くの不安の声が寄せられました。自分自身の準備不足から、行事があるごとにミドルリーダーの職員と共に準備の段階で考えて、大量の「仮園舎における行事のお知らせ」の印刷物を配るなどして、降りかかる火の粉を払いのけるように、新園舎竣工までの1年を取り組むこととなりました。今でも思い出しますが、この年の5歳児は一番、たくましかったと感じます。なぜなら、これまでの幼稚園での取り組みをしつつも、旧園舎、仮園舎、新園舎と場所を変え、日々の保育を行う場所は、色々な場所に行くこととなり、精一杯新しい場所での活動を楽しんでくれたと思えたからです。その裏には、仮園舎であっても、嫌な思い出が園生活に残らないように必死に子どもたちに向き合う先生達の姿があったからと感じています。例年の活動に支障がないように、狭い中庭で外

仮園舎での中庭の活動

仮園舎ではじめたコーナー保育

園舎の建て替えから始まるICT化とプロジェクト型保育へのあゆみ 〜ミドルリーダーと共に〜

遊びやプールをどのように行うか、誕生会等の行事を楽しくするにはどのように準備をすれば段取りよくいくか、本番の進行をどうすれば保護者にも負担なく進められるか。運動遊びをするには、公園や地域の施設をどのように活用していけば良いかなど、新しいことを生み出すことに心血を注いでくれたと感じています。これは、今でも本園に続く、先生達の子どもに向かう姿勢の伝統と感じています。また、このような新しい試みは新園舎での新しい取り組みにもすべて生かされていき、新しいことを行う機運に全て繋がっていきました。

　新園舎竣工後、園庭の整備にも取り掛かりました。仙田満先生の6つの遊び空間※1を盛り込みつつ、回遊性があり、挑戦できる場として3メートルの築山と、遊具と築山を結ぶ縄梯子を設置しました。0歳から5歳が遊ぶ場として、子どもが自分で遊びのレベルを選べる作りにしました。従来の園庭の1/3しか、平坦な場所は残らないようにしました。園にとっては、自信が持てるものでしたが、保護者からは園庭での運動会の練習や、鼓笛隊の練習はどうなるのか？　というような質問も出ました。これらが行事の見直しのきっかけとなりました。

3mの築山

(4) 行事の見直し

　子どもの活動の過程を伝えれば、行事の変革も可能と安易に思って

いましたが、その道は険しかったです。運動会では保護者が涙する組体操、約1900人も入る大ホールでの発表会、力作ぞろいの作品展といったものが伝統的にありました。祖父母世代もその行事にあこがれて、本園の入園を3世代にわたって希望してくれています。文字だらけの園だより、クラスだよりやブログの更新だけではとても伝えきれずにいました。一番大きな変更は、行事の名前の変更です。10月に実施していた運動会は元気な姿を見てもらう「げんきまつり」として、屋内体育館を借りて6月に変更し、2月には大ホールを借りて実施していた発表会は、こころのうちを表現する「こころまつり」として園内で12月に実施することにしました。11月に実施していた作品展は、1年間の手で作り上げてきたものを見てもらう「てづくりまつり」として2月実施としました。園長の私が、行事の見直しを保護者会で伝えるだけで、紛糾することが度々ありました。例えば、「げんきまつり」では、「運動会の歌」はもう歌わなくなるのですか？　といった具合です。当然、日々の取り組みの発信が不足していることが、明らかであったため現状の園からの発信では無理があったのです。ここからデジタル機器を使う、本園の取り組みが徐々に加速していきます。

子どもが子どもと保護者に披露する楽器遊び

園の取り組みを支えてくれた、岡野理事長と、祖母暎子、家族

なお、上記の私の園長就任からの変革については、先代岡野理事長から何も文句は言われていません。ただ、お世話になった他園の先生に対してお礼はきっちりするようにと言われ、一切、横から口出しはなかったです。また、家族の支えもあり、妻が保護者目線で、変革のアドバイスをくれました。そして我が子３人も在園しており、行事が変わる中で、園生活について楽しかったことを私に教えてくれました。これらの点は本当に頭が下がり、感謝しかありません。

第3章　園におけるデジタル機器の活用スタート

(1) デジタルカメラの活用
　新園舎竣工前、園のデジタルカメラは２台でしたが、徐々に増えていくこととなります。２台だけでは、行事の広報用の写真しか撮影できず、それ以外は写真業者の行事の写真のみでした。各クラスの取り組みの過程を記録するためには、台数を増やす必要性がありました。各先生達の必要性に応じて徐々に買い足していくことになります。一方で、その撮影方法などには言及していなかったので、クラスのみんなが映るように、個々の子どもがはっきり正面から映るような写真が多くありました。子どもが主体的に取り組む姿や先生や保護者がその姿から何を読み取るのかまでは言及していませんでした。ソフト面は、ハード面を整えてから行なおうという考えで、まずはデジタルカメラで撮影するという文化を作ることからスタートしました。

(2) 写真を用いた記録の活用

　これまでの写真は、園の広報物とブログ用の写真でしか使うことがありませんでしたが、ドキュメンテーションにする試みをスタートさせました。本園では、「まつのみぶっく」という名前で、子どもたち一人一人の活動に取り組む写真とそれに向かう過程や子どもの心情を短文で保育者が記載するものです。また、月末に保護者に渡して、コメントを返してもらう形をとりました。当然、月末の仕事には保護者に対して「おはようブック」（出席帳）というものにコメントを書く仕事がありました。これは、月末の忙しさがあったので、どの子にも同じ文章を書くような先生もいて、形骸化していたので、コメント欄のない「おはようブック」に切り替えることとしました。

　一方で、月末の大仕事には「赤本」（成長記録簿）の記入がありました。この「赤本」を基に年度末の指導要録を記載することとなっていましたので、必要な記録ではありました。また、園長である自分自身もこの「赤本」約1500件を月末に見ることで先生達の子どもの見取り方を把握していたので、完全に子どもの記録をなくさない形をとらなくてはなりませんでした。このことから、月末には、「まつのみぶっく」を園長に提出する形をとり、「まつのみぶっく」のコメントのみ複製をとり指導要録にも生かせる形を取りました。これにより長きに渡る「赤本」の歴史が終わり、「まつのみぶっく」という新しい記録の形が生まれることとなりました。

　当初は「まつのみぶっく」作成にあたり、先生達から、どのような姿を撮影すればよいか、またそのコメントの記載の仕方はどのようにすればよいかということの質問攻めにあいました。私が説明してもピンときてもらえなかったのは、私の能力不足でした。しかし、ここで他園を見学してきた副園長となった志方主任と、さらに主幹

とミドルリーダーらの支えがあり、教え合い、学び合う組織も徐々に生まれてきたと感じています。新しいことに取り組む際には、このようなメンバーの育ちが欠かせないと感じ始めました。

この「まつのみぶっく」は、年度末に家庭へ持ち帰るものですが、子ども同士で見せ合うことや、保護者懇談会で保護者自身やほかの保護者にも見てもらってよい形を取りました。これにより、我が子の成長過程に目を向ける雰囲気が作られることとなりました。

こういった、写真を撮影して色々な人と共有する取り組みについては、後に実習生に対する実習協議にも生かされていくこととなります。当時、故・小田豊先生、秋田喜代美先生の研究グループに関わらせていただき、PEMQ（Photo Evaluation Method of Quality：保育環境の質を写真によって評価していく方法）※2 という写真を通した保育環境を評価するといったことも学ばせていただき、実習生に保育環境を撮影してもらい、実習での学びを深めることも始める機会となっています。写真に保育環境を撮影して振り返る試みについては、多くの実習生が悩む実習記録での振り返りにも一役買うこととなっています。写真を通した振り返りは、保育者同士だけでなく、実習生との振り返りのツールとしても役立つこととなっており、保育者との対話のツールとして役立ち、実習生の学びの理解にも繋がることとなりました。

しかし、月末の園長が全園児の「まつのみぶっく」に目を通す仕事は、「赤本」と変わら

写真を基にした実習生の振り返り

ずあります。しかし、先生達の取り組みや、子どもの取り組む過程や心情の読み取りについては、さらに理解できるようになりました。しかし、「まつのみぶっく」の提出が遅れることが起き始めていました。月末の大量の印刷に、印刷機が耐えられなくなってきていたのです。

(3) 印刷機の改善

　デジタルカメラで撮影した子どもの育ちの過程を伝えるためのカラーの印刷物が一気に増えました。紙の印刷物は、レーザープリンターとモノクロ輪転機、写真印刷は家庭用インクジェットプリンターであったため、故障したら大変なことになります。レーザープリンター、輪転機やインクジェットプリンターは、パソコンと1対1の繋がりでしか対応できなかったので、ネットワーク化も必要となりました。

　他園を参考に園だよりも写真を掲載したものに切り替えたため、コストと時間の両方が大幅に割かれることとなりました。輪転機のスピードでカラー印刷ができないものかを思案していた所、ちょうどEPSONの高速インクジェット複合機がありました。しかし、職員室にこれ以上入らないので、レーザープリンターを移動、輪転機を廃棄して、この複合機を導入しました。これをLANで介して複数のパソコンから印刷できるようにしたため、一気に早くなりました。各クラスの「保育だより」もミドルリーダーの提案した様式となり、私自身が見て面白いものへと変化していき、地域に見てもらう用の保育だよりも生まれました。また、「まつのみぶっく」を印刷する機械も業務用のタッチパネル式のL版印刷機を見つけ、これで解決することとなりました。こういった、見やすい広報物に変化して

いったことと、先生達が過程を伝える必要性の意識から、保護者からの行事に対する不安の声も減っていくこととなりました。先生達同士が繋がりやすく、余った時間をほかに使いやすくなる職場環境が徐々にでき始めてきました。より効率的に働ける方法を模索している中、西須磨幼稚園の船瀬先生のgoogleスプレッドシートによるシフト管理に出会うこととなります。能率的に働き、また認定こども園化も含めて多様な人たちが働くこととなってきたので、この点も学ぶ必要性が出てきました。私と副園長と共に、その方法を学ぶ中で、皆がパソコンを使う必要性が出てきました。一方で、担任の教員が、記録やクラスだよりを作成するタイミングがいっしょなので、パソコンが足りなくなってきました。そして、業務のICT化が一機に進むこととなります。

(4) ICTシステムの導入

　コロナ禍の前年2019年の秋、船瀬先生よりGoogleの活用方法、また姉妹法人の鹿の子学園の宮城豊先生からGoogle for educationの話を聞いていたので、まず法人でGoogle for educationの無償契約からスタートとなりました。ここからがミドルリーダーの活躍となります。試験的にgoogleスプレッドシートを使った、保育だより、保育計画、会議記録をすべて作る形をとりました。保育計画についても、プロジェクト型保育を進めるために2週間分の週案のアイデアを野中こども園の中村先生からいただき、採用することとなりました。この保育記録の環境構成図には、デジタルカメラの写真をはめ込む形を取っています。この内容やレイアウト構成についてミドルリーダーが、試行錯誤して作りこむこととなります。園長がトップダウンで下ろすのではなく、ミドルリーダーが2学期の間

をかけて、実践して、冬休み中にほかの職員に伝達、そして職員が徐々にICT化の流れに乗っていくこととなりました。この際、Googleとしたのは、ノートパソコンを1人1台皆が、欲しがっていましたが、予算の関係上、安価なクロームブックを購入する形を取りたかったためです。こうして、Googleのシステム上で、皆が仕事を進めることとなりました。

　このほかに、業務軽減をする園業務支援アプリを幼稚園の業務に取り入れることで、保護者の連絡を紙ではなくメールで行い、教職員の働き方も改善するようにしました。このほか教職員同士の連絡の方法も法人内のSNSを使うことで情報共有をスムーズにすることを行なってきました。

(5) コロナ禍におけるミドルリーダーとの新しい実践の創造

　そのような中、新型コロナウイルス感染症が広がり、新しい幼稚園の取り組みや働き方が求められるようになりました。緊急事態宣言が出た2020年3月には、今後どのようになるかが非常に不透明な状態となりました。そのような中、ICTをいかに使いこなすかが求められると考えました。最初は、園長である私が方向性を示しましたが、その後は動画配信アプリの活用や、園業務支援アプリを、どのように使っていくかをミドルリーダーに委ねることとしました。園長としては、ほかの幼稚園で取り入れられている方法を、模倣できればと

職員の動画づくり

園舎の建て替えから始まるICT化とプロジェクト型保育へのあゆみ ～ミドルリーダーと共に～

考えていました。その実際の方法はミドルリーダーに委ねることにより、動画の作成編集など新しい取り組みを行なってくれました。

　休園等で園児達が登園できない時に、動画配信を行うことは、園児、保護者、保育者を繋ぐ方法として、全年齢の視聴もみられ一定の効果があると思われました。また、年齢が低い方が普段の園生活について知ろうとする傾向もあり、わずかの事例ではありますが、海外からも視聴履歴が認められ、園児のようすを海外に在住の親族まで伝える方法として機能することがわかりました。園児のようすを見る機会として各クラスの動画配信は、有効でした。しかし、撮影、編集、配信については、ミドルリーダーが中心となって複数の保育者が助け合えるように園におけるマネジメントが不可欠とも考えられました。この時に試験的に実施した作品展の動画配信は、前日に作品を動画で配信することで、保護者が園児達の作品を前もってイメージすることができ、当日、密をさけ、短時間で目的を絞って観覧を可能にできたり、本物を実際に見た時の対話の機会も増えたと感じています。こういった行事に関わる動画配信は、行事1日だけで終わるのではなく、繰り返し見ることによる体験が可能であり、子どもと保護者の喜びを反復することにも繋がったと感じています。

　このほか、ビデオ会議アプリを使うことにより、子どもや保護者と双方向のやり取りを行うことも緊急事態宣言中にできました。そのミドルリーダーの新しい取り組みのおかげで、切れ目のない子どもの教育を提供す

ビデオ会議アプリを使った保育

実践事例1

ることができました。多くの幼稚園は、園長が具体的な方向性を示すことが多かったと思う時期だと思いますが、緊急事態だからこそ、ICTを使いそのアイデアについてミドルリーダーに委ねたことが、この実践の成功につながったと考えています。

(6) 子どもの学びを止めない園内環境づくり

　登園再開後も、コロナ禍では一斉に集まることが不可能になったため、すべての活動や行事の見直しを行いました。例えば飛沫感染防止を考慮して、素話やピアニカ演奏、行事の動画配信を行いました。また、屋外でのピアニカ演奏を実施、熱中症対策としてミストと日除けの増設や、熱中症計による暑さ指数の把握をすることで、屋外で安全に活動できるようにする等、志方副園長、ミドルリーダーらと色々考えることとなりました。このほか、感染症対策を考慮した、園内の環境整備にも着手しました。例を挙げると、スプレー容器の見える化を行い、中身が水・洗剤、消毒液のどれであるかを明確化しました。その他、園内を3色にゾーニングを行いました。赤色＝不特性多数が滞在する場所、黄色＝特定多数と体調不良者が滞在する場所、緑色＝健康な子どもと保育者の生活場所としてエリア分けを行い、健康観察をする場所、消毒作業を念入りにする場所等をゾーンごとに分けることで、保育者、保護者共に見える化を行いました。

　そして、園関係者に陽性反応者が出た時の危機管理体制については、教職員、保護者、教育委員会等との情報共有は、意識的に行うことで対応することとなりました。

　環境整備と共に保育者の働き方も変えることとなりました。人員調整と共に保育後の業務分散化にも努めました。そして園業務の

ICT化も進め、G Suite for Educationを用いて保育計画、指導案、日誌、保育だより、ヒヤリハット等の情報をクラウドに保存し、職員間で共有できるようにしました。そのほかにはビデオ会議システムを用いた研修を実施して、大学教員の講演や全国の保育者とグループワークを含む研修を実施することができました。

感染症対策については各地域の感染状況を踏まえながら実施することが大切です。各園においても感染予防対策はすべてを一律に実施するのではなく、子どもに体験してほしいことを踏まえて、活動内容によって実施し、合わせて保育者の働き方も柔軟にしていく必要があると考えます。

ビデオ会議アプリを使った全国の保育者との学び

(7) 文部科学省による委託調査研究の開始

その後、このようなICTの実践が、文部科学省の委託調査事業に採択されることにより、一層ICTを用いた取り組みを進めることができました。これまで本園では、修士論文をまとめることや、ソニー教育財団の論文をまとめることをしてきましたが、文部科学省の委託調査研究を受けることは初めてでした。実際に、ICTを取り入れた実践は、非常に少なく、どのように進めていくか迷うところが多くありました。そのような中、指導に来てくださっている、鈴木先生からの助言や東京大学の発達保育実践政策学センターの取り組みなどを学ぶことができ、ICTを用いた実践を取り入れることができました。園長の役割としては、他の園のICTの実践を伝えるこ

とと、ICTの実践がしやすいように、時間の確保と機材を揃えることに専念しました。ICT機器を多数購入すると、維持管理の問題も出てきました。機器を整理して配置することやデータの管理を明確にするために、クラウド上の

タブレット端末を使った実践の共有

フォルダの管理データの廃棄や更新についても、教職員がやりやすい方法をミドルリーダーに考えてもらいました。これにより持続可能なICT機器の運営が可能になったと感じています。このようにICT機器に振り回されないように、ミドルリーダーが使いやすいやり方を考えてくれることが、導入における時間の効率的な運用につながったと考えています。

　文部科学省の委託調査研究にあたっては、新しい取り組みだけではなく、文部科学省で当時検討されていた幼保小の架け橋プログラムに向けての事例提供も文部科学省より求められていたため、新しい取り組みをできるだけ早くまとめて、リーフレットにまとめる必要性もありました。そのような状況であっても、トップリーダーたちが進めるのではなく、ICTの素晴らしい実践を、教職員が皆でまとめるような雰囲気で進めることができました。ただタブレットのゲームアプリを使うような形ではなく、タブレットで撮影した写真や動画を子ども同士で共有する方法を、またデジタル顕微鏡や液晶テレビ、プロジェクターに繋ぎ、子どもだけでなく先生にも説明できるような方法もまとめました。このほか、飛沫感染予防のために、食育活動をしている調理のようすをビデオで録画することや、ビデ

オ会議アプリで、配信する方法など実践は多種多様です。同時に、先生自身のICTリテラシーも向上し、どのような使い方が子どもにとってより良いのか、子どもがタブレット端末を使う時間や、撮影して良いもの活用して悪いものなどもいろいろ話をする機会が生まれました。特に動画配信などについてはその編集方法により、著作権や、肖像権の問題についても考える機会となりました。これらについては、ある程度、園長から方針は伝えましたが、その後はミドルリーダーから現場の教職員に浸透していく形となりました。

　新型コロナウイルス感染症の予防のため園は、保護者に登園自粛をお願いする期間には、動画共有サイトを活用した遊びにつながる動画や、ビデオ会議アプリを使ったオンラインで、子どもと保育者がいっしょに歌を歌ったり踊ったりなどする同時双方向型の遊びや、発表会を配信する試みを行なってきました。

　そのような中、ICT機器を用いた実践に手探りながらも取り組み始めました。特に大切にしたことは、子どもの直接的・具体的な体験を基にして、興味や関心をもった事柄に主体的に関わることであり、状況に応じて子どもがICT機器を使えるようにしています。子どもが紙やハサミを使うようにICT機器を用いることで、子どもがしたい資質・能力を育めるような活動を展開しました。以下に、園内におけるICT機器の活用の取り組みを挙げます。

(8) タブレット端末と電子顕微鏡を用いた取り組み

　5歳児クラスで大切に飼育していたカマキリが、産卵後死んでしまいました。その後、ひとりの子どもはカマキリの腹部の膨らみがなくなっていることに気付きました。保育者は、ふだんあまり目にすることのない貴重な体験だと思い、ひとりの子どもにとどまらず

子ども同士で発見や気付きを共有できる機会と捉え、タブレット端末にデジタル顕微鏡をつなぎ観察できるように提示しました。すると、子どもは、「お腹が小さくなってる！」と驚いたり、「ここから生まれたのかな？」「卵はお尻の穴から生まれたのかな？」と疑問をもったりするなど、自分が思ったことや気付いたことを口々に出すとともに、友達が気付いたことから更にいろいろと考えを巡らしていました。そして、映す場所を子ども同士で相談し合い、自分たちが不思議に思ったところにデジタル顕微鏡を近付けて、さまざまな角度から観察し、発見したことや気付いたことについて、園にある図鑑と見比べて話し合いました。「カマキリは卵を産むと死んでしまうんだって」「かわいそう」「どうして死んじゃうのかな」「私たちが代わりに大切に育ててあげよう」など生命の不思議さを感じていました。その後、クラスの皆でカマキリを埋葬して、卵の変化を毎日見守ることとなりました。図鑑の写真では、卵が木の枝についているけど、このカマキリは虫かごの蓋に卵を産んでおり、図鑑と違ったので、「ちゃんと赤ちゃん生まれるかな？」と心配する姿が見られました。また、カマキリの世話をしていた子どもからは、「カブトムシみたいに卵を産んだから死んでしまったのかな」「お母さんカマキリが産んだ大切な卵やから大切に育てよう」と言う姿も見られた。

　このクラスでは、カブトムシを飼育した経験があります。カマキリが死んでしまったときには、これまでと同じように園内にあるお地蔵様の隣に埋葬して、「天国でカブトムシたちと仲良くしているかなぁ」と話していました。保育者は、カマキリの変化に気付いた子どもの言葉を見逃さず、その子どものみの気付きを、デジタル顕微鏡を提示して子ども同士で見られるようにしたことによって、友達と気付きを共有することができました。はじめは、子どもはカマキ

リの凹んだ腹部を漠然と見ていた姿から、拡大することによって、更にカマキリの腹がどのようになっているのかを見たいという意欲にかられ、子ども同士で不思議に思ったことを次から次へと、探究心を持ってカマキリという対象と十分関わることができました。また、カマキリなどを飼育することを通して、生命の誕生や終わりといった生命の営み、不思議さを体験し、生命尊重の心を育むことにもつながっているのではないかと考えます。

　このようにICTを用いることで、肉眼では見えにくい場所もじっくり観察することができ、図鑑と併用しながら、子どもが主体的に見たり調べたりするなど、探究心をもって活動を深めることができました。保育者はこれまでの直接的・具体的な飼育体験を基にしながらより深く飼育動物の変化に興味・関心を持てるように子どもたちに関わり、その中で、ICTを適切に活用することによって、自然への畏敬の念のみならず、科学的な見方や考え方の芽生えを培う上の基礎となる体験につながると考えます。

デジタル顕微鏡を使った探究活動

(9) タブレット端末で検索して、強い紙相撲づくりに挑戦する実践

　本園では、折り紙を使う活動は、保育者が提示したものを見ながら折る場合や、子どもが折り紙の本を横に置いて折るなどの姿が見られます。ある４歳児が、紙相撲を作りたいものの、自分で折ろう

とせずに保育者に頼る姿がありました。保育者は、最後まで自分で折ることに挑戦してほしいという願いから、まずは一度いっしょに折りました。自分でできたという満足感が味わえるように、励ましたり認めたりしていきました。その結果、自分で紙相撲を作ることができました。自分でできたことが嬉しかったようで、その喜びから、さらに意欲が高まり、「もっと強い紙相撲を作りたい」と言い、ほかのより強い紙相撲の折り方がないかと本で調べてみたところ載っていませんでした。そこで保育者が「タブレットで調べてみようか」と提案し、タブレット端末で検索することとなりました。「折り方が難しいな。もう一度見てみよう！」と言い、巻き戻してみたり、細かい部分を拡大表示したりして、よく見ながら取り組んでいました。保育者が、「強そうなお相撲さんがたくさんできたね」と言うと、子どもは嬉しそうにしていました。

　このように、保育者の支えによって、自分で折り紙を折れたことが自信となって、子どもの「もっと強い紙相撲を作りたい」という意欲が引き出されました。保育者がタブレット端末を提示したことによって、子どもにとっては、折り紙を折る際に、本と違い立体的に見えることや、さまざまな折り方を調べる、自分が取り組める折り方を選ぶなど、自分で作ろうという意欲が増しました。子どもが自分で見たり調べたりすることで、多様な紙相撲があることを知り、一番強そうな形や色を選び、考えて折るという姿にもつながりました。保育者は単にタブレット端末を子どもに提示

折り紙アプリを使ってみる

すればよいのではなく、その子どもへの願いを持ち、子どもの「作りたい」という、今の思いを捉えて、その思いを実現できるように、タイミングよく提示することが大切ではないかと考えます。

(10) タブレット端末を用いた物語づくりを通して

　本園では、年度当初、子ども同士の関わりを意図して、遊具の遊び方を5歳児から年下の子どもに伝える場面をつくっています。しかし、コロナ禍の中の時は、どのようにしたら相手に分かりやすく伝えられるかを話し合うこととしました。すると、自分たちが遊んできた体験を基に、話し合いの結果、動画を作成することとなりました。この動画を年下の子どもに見せると、実際の場面では、年下の子どもたちは、年上の子どもたちの動きに倣って、遊び方を守って遊んでいました。このようすから、5歳児は、自分たちが作成したものを通して、年下の子どもに伝えることができたことを喜んでいました。

　3月の頃、子どもが園庭で遊ぶとき、遊具の使い方で危ない場面がありました。保育者は、子どもといっしょに安全な使い方を確認したところ、子どもから「年少さんにも伝えよう」という声があがりました。保育者は、子どものこれまでの経験を生かし、クラスの皆で考えるよい機会と捉えて、3歳児や来年4月に入園する子どもに安全な遊具の使い方を理解してもらうにはどのようにするとよいのかを、クラスの皆で話し合うことにしました。すると、子どもからは、来年4月には自分たちは卒園して幼稚園にいないので、実際に遊んでいるところを動画や写真に撮ってみて、その動画を4月に見せたらどうかという意見があがりました。そこで保育者は、写真や動画を編集することができる、タブレット端末を用いることを提案しました。これまでの活動で動画や写真をはめ込んで物語を作

アプリを使った経験を生かして、子どもたちは、自分たちでアプリを使って滑る動きを動画にしたり、言葉を入れたり、ほかの人物を登場させるなど、物語づくりを始めました。

　基本的な操作は保育者が教えましたが、物語の内容や誰を登場させるかなどは、すべて子ども同士で相談して決めて取り組みました。子どもが「走っているシーンだから走っているポーズして！」「ここは写真を動かした方がわかりやすいよ」「僕が言うから写真を動かして」といったやり取りの中で、子ども同士で役割を決めたり、場面に合わせた写真を撮影したりしながら、ひとつの物語を皆で協力してつくろうとする意欲的なようすが見られました。

アプリを使った動画づくり

　この事例から、考えたことを体や物で表現しての写真撮影、音の入れ方や画面操作など、どのように表現するとよいのか、見せる相手を意識して自分たちなりに試行錯誤しながら友達同士で工夫しようとする、さまざまな姿が見られました。子どもは友達同士での動画製作を通して、客観的に自分たちが撮影した動画を見ることによって、相手がわかるもの、喜んでくれるものにしようと工夫し、表現しようとする意欲が引きだされ、表現をより豊かにしていることがわかります。この取り組みは、自ら遊具で遊んだ体験が基となって、ほかの子どもが遊具で遊ぶ際に起こる問題の発見・その解決方法を伝える一助となったと言えます。

　おかげで、文部科学省の委託調査研究については、４年連続採択

園舎の建て替えから始まるICT化とプロジェクト型保育へのあゆみ 〜ミドルリーダーと共に〜

を受けることができました。それ以外にも、経済協力開発機構（OECD）が取りまとめられた「OECD幼児教育・保育白書第7部(Starting Strong VII：Empowering Young Children in the Digital Age)」に認定こども園七松幼稚園のICTの取り組みが掲載されることとなりました。これらの採択を受けるには数多くの実践をまとめる必要がありましたが、教職員の中では、新しい発想で保育に柔軟に取り入れるICT活用の実践がたくさんあります。最初の段階では、教職員が主導して取り入れていたものが多くありましたが、ICTを子ども自身に委ねる方法を鈴木先生と話し合う中で取り入れるなどさまざまなアイデアを考えてくれています。子どもに委ねることで、日々の保育の中にICT機器が、21世紀の創造性を生み出す「ハサミ」や直接体験と直接体験を結ぶ「のり」として機能するようになっています。日々の生活でICT機器を使うことが、行事にも生かされるようになり、発表会にあたる「こころまつり」、作品展に当たる「てづくりまつり」でもICT機器を柔軟に取り入れる実践が生み出されました。「こころまつり」では、プロジェクターに、子どもたちの絵を投影することで背景として使い、自分たちの発表のようすを動画に撮影して振り返る子どもたちの姿も見られました。このような取り組みについても、ICT化しているおかげで、子どもたちのようすを、ブログ、ホームページ、メールなどで配信するとともに、カメラで撮影したようすを写真付きの園だよりで伝えることで、子どもたちの結果ではなく、過程について目を向

「こころまつり」での舞台投影

実践事例1

けるような姿勢を保護者と共有することができました。

　「てづくりまつり」では、子どもたちの製作の過程を動画で撮影して、それを保護者に伝える取り組みも生まれました。これまで写真型ドキュメンテーションというのが一般的でしたが、動画型ドキュメンテーションも幼稚園の取り組みとして新しく生まれました。ここで撮影した動画を動画配信アプリで保護者に事前に視聴してもらう取り組みを生み出しました。この方法を使うことにより、作品を見る時だけに、子ども、保護者、保育者の対話が生まれるのではなく事前にさまざまな製作過程を知った保護者が子どもと保育者と作品を前にさまざまな新しい対話が生まれるような実践になりました。またこの方法は、感染症などで当日来ることができない家庭にもうまく活用してもらえるきっかけとなりました。動画配信アプリだと、海外からのアクセスもあり日本に来ることができない海外の方も視聴することに一役買いました。これら行事においてもICT機器を用いた実践について有効に使うことができ、実際に作る際にはミドルリーダーがさまざまなアイデアを出して、どのように保護者に伝えればいいかという点も整理してくれることとなりました。

　この後、このような動画作成については、インスタグラム等のSNSへの活用に広がり、ミドルリーダーが中心となり、保育を伝えるツールだけでなはなく、リクルートのツールとしても活用しています。保育の内容を伝えるだけではなく、その面白さ、自園の持ち味を伝えるツール、また地域の団体が持つ、インスタグラムと繋げることを意識して運用していくことができるようになっています。

（11）ICT実践の今後に向けて

　ICTを用いた実践では、子どもが創造する大人では考え付かない

こ␣とも、具現化して、「やりたいこと」を表現できると感じます。子どもが、現実では出会えないものを、ICTを用いて探究心をもって調べ、描いたりすること。また、描いた現実のものや空想のものを物語に登場させ、動画づくりにも結びつけること。こういった取り組みは、小学校以降の学習につながるものであり、ICTを用いて、子どもが探究心をもって取り組み、主体的な学びにつなげることができる活動と考えます。今後、保育者は、既成概念に囚われず、子ども同士の対話の中で生まれる「やりたいこと」と向き合い、子どもと共に創造の枠組みを広げられるようにICTの知識をより得ることが望まれます。

　言うまでもないですが、これらのICTを活用した取り組みは、直接的・具体的な体験を基に行うことが肝要であり、ICT機器を使うことが目的ではありません。子どもの生活の中での直接的・具体的な体験を基に、子どもにICT機器を用いることを委ね、友達同士の関わりの中で、より体験を豊かにしていくことが、主体的で深い学びにつながると考えます。

第4章　プロジェクト型保育への転換

(1) ミドルリーダーと共に考えるプロジェクト型保育

　日常の生活や行事でもICT機器の実践をさまざまな形で行うことで、子どもたちの主体性の育成を、どのように実現すれば良いか鈴木先生を招いた園内研修で考えて議論していくことになりました。

特に子どもの実態に合わせて、多様な取り組みを行なっていくと、各クラスさまざまな実践が生まれることとなり、園内研修でも、どのような方向性で保育を進めていくか迷うようになりました。しかし、園長、志方副園長、鈴木先生、ミドルリーダーを含めて、どのようなことを中心に置いて保育を進めていくかを議論していく中で、子ども主体の保育について皆で考えるようになり、環境構成の方法、保護者への伝え方、また行事のあり方についても、常に議論をすることができました。このような過程の中で、園の取り組みが、徐々にプロジェクト型の保育に転換することとなります。

(2) プロジェクト型保育①：カレーづくりの実践

　カレーライスづくりの実践では、4〜5月中にオンライン保育でカレーづくりライブ配信の実践を行いました。6月の登園再開後、園内で育てていた、たまねぎの収穫を行い、子どもたちが畑で収穫した、タマネギをどのように活用するかについて、話し合う活動を行いました。その活動を進める中で、どのような調理を行い、食べるかを話し合うこととなりました。保育者から玉ねぎの調理方法について提案したところ、さまざまな情報を子どもたちが保護者と共に家庭でスマートフォンや、タブレット端末等で、調べてくることとなりました。子どもたちが調べてきたレシピを収集して、実際の調理方法について、クラスで話し合いました。子ども同士の話し合いの過程の中では、子どもたちが材料、調味料、調理方法などを話し合い、その話し合った内容について、子どもたち自身で計画を立て、近隣のスーパーに買い物に行くこととなりました。しかし、一度に大人数で訪問することは難しいため、半数に分かれてオンライン会議アプリを利用してスーパーと保育室を繋ぎ、買い物に行くグ

ループ、保育室で待機して指示を出すグループに分かれました。オンライン会議アプリを使い、買い物中のようすをライブ中継することにより、買い物に行っている子どもは、何を買うか迷ったときには「クラスにいるみんなに聞いてみようよ、このケチャップでいいかな？」といった質問をオンライン会議アプリを通して会話し、それに対してクラスからは「○や×」といったジェスチャーで答え、離れていても、クラスみんなで買い物をしているようにしていました。

　近隣のスーパーで買い物を終えた子どもたちは保育室で調理することになりました。調理する際には手元のようすを子どもたちで共有できるように、ウェブカメラを持ちながら液晶テレビと接続し、鍋の中などを間接的に見られるようにしました。ICT機器を視・聴覚として用いるとともに、実際の調理中の匂いなどについては、同じ部屋の中で嗅げるようにしました。このような実践を行う中で、子どもたちが視・聴覚だけでなく、嗅覚でも感じられるように調理を行いました。そして最終的にはタマネギを調理して食べるという形で、触・味覚についても体験できるようにしました。手元や鍋を撮影するカメラと液晶テレビを接続し、調理する手元や鍋の煮えるようすをカメラで撮影し、クラスの皆に見てもらうことで、対応しました。この活動が繋がり、カレー作りを行いたいという声がほかのクラスからも挙がるようになりました。

　ICT活用の利点は、空間的な制約を下げる点が挙げられます。この食育の過程を通して、子どもたちは自ら考えて調理をする体験と共に、場所が違っても、それぞれの体験で得た情報をクラスの子どもたち全員が、共有できるように、ICT機器を活用した事例となっています。

　クラスのカレー作りの実践から得られた知見は4点ありました。

①登園できなくても活動の導入をオンライン保育から提案することが可能、②園での屋外活動からやりたいことを見つける、③子ども同士の話し合いをもとに目標に近づく方法を模索、④実体験を伴った形で体験し新しい活動へ結びつけられる、ことがわかりました。

カレーの材料購入をビデオアプリでやりとり

(3) プロジェクト型保育②：5歳児のまちづくりの実践

　本園は、例年園外保育の場を保育者が決定し、学年全員が同じ場所に行くことにしていました。コロナ禍では、分散して活動を行うことから、行き先は担任が子どもたちと話し合いで決定し、午前中に行ける場所にしました。今回取り上げる5歳児は園から徒歩圏内にある商店街に行く試みです。この5歳児は1学期に大麦の刈り取り後、麦わらで家を作りました。家を作る活動から「まち」に興味を持ち、子どもたちが思い思いの設計図を作る活動に展開しました。その後の夏休み期間中には、保護者の協力のもと子どもたちがさまざまな所に行った時のようすを写真付きのメールを使い、園に知らせてもらうようにしました。それをほかの子どもたちと共有することで、子どもに色々な所を見に行く意欲を高めることができ、クラスの皆で商店街へ行くことになりました。ただ見に行くだけでなく、買い物をすることも話し合い、牛丼づくりの材料を買いにいくことが目的のひとつとなりました。

　買い物に行った際には、道中にある駅ビルの高層階から町を俯瞰

園舎の建て替えから始まるICT化とプロジェクト型保育へのあゆみ 〜ミドルリーダーと共に〜

して見る体験から始めました。そして、商店街でも組合長さんからおもてなしを受け、お店では数多くの醤油の種類を知り、どれを購入するか迷う姿や、お米屋さんでは「新米」を薦められる場面もありました。八百屋さんでは、子どもの予定ではタマネギは１個だけで良かったのですが、袋詰めで５個買わないといけないことも知ることができました。子どもたちが色々話し合いながら、商店街を歩き、買い物をする際、商店街の皆様は、温かく、やさしく教え、見守ってくださいました。

　後日、園での牛丼づくりでは、飛沫感染予防にICTを用いて実施しました。また、子どもたちの調理をする前の話し合いで冷やしたタマネギは目に沁みないと調べていたので、冷やしていないものと比較する姿もみられました。調理中には、液晶テレビに映る炒めるようすと、その音を聞いて「(炒めている時の) 音が大雨のような音だね」と伝え合う姿も見られ、調理を通してさまざまな匂いや音を感じる体験をして、牛丼を美味しく食べることができました。さらに、「てづくりまつり」には商店街での体験を作品として表してくれました。

　まちづくりの実践から得られた知見は３点ありました。①１学期の多様な遊びからまちづくりのイメージづくり、②目標達成のために、実体験をもとに友達と話し合い、対話を繰り返す、③多様なヒト・モノ・コトに出会いコロナ禍において身近な園外の価値の再発見に繋がる、ことがわかりました。

実践事例1

まちづくりの取り組み

81

(4) プロジェクト型保育③：蝶から広がる表現

　蝶との出会いと昆虫館の体験を伝える取り組みは、5歳児の蝶への興味関心から展開したプロジェクト型保育の実践です。5月に蝶へ興味を持ち始めたのは、子どもたちが家から蝶の幼虫を持ってきてくれて、飼育したことが始まりでした。保育者は、保育室内に、蝶に興味関心が深まるように、絵本、図鑑、虫眼鏡、ICT機器としてデジタルカメラを置き、飼育活動からほかの活動に広がるようにしました。子どもたちは蝶の飼育活動をほかの子どもにも伝えるために、さまざまな方法で蝶の生態を知り、蝶の飼育方法の動画などを作るなどICT機器を使った取り組みも行なっています。

　幼稚園では、園外保育に行く場所を、この時点では各クラスで選択していくような状態となっていました。このことから１学期の段階からミドルリーダーが中心となり、教職員が子どもたちの興味関心がどこに向かっていくかを話し合い、２学期の園外保育につなげるようになっていました。その取り組みが２学期の園外保育にまで繋がりました。本園の５歳児は、園外保育に行く場所を自分たちで決めています。このクラスは、子ども同士で話し合った結果、昆虫館に行く事になりました。この昆虫館には、数々の標本だけでなく、蝶温室という半球体のガラス温室があり、ここでは14種類、1000匹の蝶が自由に飛び回っています。子どもたちはこの蝶温室へ行き、さまざまな蝶を発見することができました。

　子どもたちと昆虫館へ行った後、学んだことをほかの友達にどう伝えるかを話し合うことになりました。子どもたちからは、蝶をまた育てようとか、蝶を作ろうなどの意見が上がりました。そこから、昆虫館で見た蝶の手作り標本を作る事になりました。子どもたちは、パンフレットを見ながら昆虫館で見た蝶を振り返り、どの蝶を作るか

を決めました。蝶の型紙を使って、画用紙を蝶の形に切り、完成後、同じ種類の蝶を集めて、蝶の名前を書き、箱にはりました。既存の蝶の標本を作ったことから、自由遊びで蝶を自由に作り出す姿が見られました。また、担任からの提案で子どもたちが形や模様、特徴などを自由に考えてオリジナルの蝶の標本を作りました。その後自分で作った標本を見せながら、蝶の名前、特徴を発表するに至りました。

　冬になり、蝶や昆虫が見られなくなり、興味が薄れ子どもたちの興味関心が別の活動に向き、蝶や昆虫に向けられなくなりました。そこで、切り紙コーナーを設置して、「切り紙と昆虫」(今森光彦　童心社)という本と共に、サイズを調整したさまざまな種類の画用紙、数種類の虫の切り紙を準備して、子どもたちの目の届く所に設置しました。すると「カブトムシは足が難しい」、「カマキリかっこいい」といった話と共に、悪戦苦闘する中、実際に虫の線に合わせて、細かい部分まで切ろうとして集中して取り組む子どもたちの姿が見られるようになりました。また、切り紙が得意な子どもが進んでほかの子どもたちにやり方を教えたり、実際に展示コーナーに飾ったりすることで、「本物みたい」、「やってみたい」とほかの子どもたちにも広がり、クラス全体に広がる活動になりました。

　昆虫の標本づくりや、切り紙を通して、昆虫へ興味が広がってきたことにより、「てづくりまつり」でも、保護者からさまざまな素材やアイデアをいただく中、その世界を広げたものを作ることとなりました。昆虫への興味とは別に、クラスでは、公園づくりを行なっており、そこで公園にある木を作りました。子どもたちからは、「てづくりまつり」で飾る予定の木に切り紙で作った昆虫をはろうという意見があがり、はることになりました。

　ふだんから保育者は、意図的に昆虫館の話をしていたことから、

子どもたちの意見から、昆虫館には大きい昆虫の模型があったことが話題となり、「大きい蝶を作りたい！」という意見が出ました。どうやって作るか話し合った際、子ども同士の意見では、「何で作る？」、「大きいペットボトルを組み合わせたら？」、「大きいもので使えるものはないか？」、「"さをり"がある！（手織機のひとつで、子どもが糸を自由に選んで織ることができるもの）」などさまざまな意見があがり、「てづくりまつり」に向けての大きな蝶の作品づくりが行われました。この一連の活動については、保育者は動画などを撮影して事前に動画配信アプリで保護者と共有する試みも行いました。「てづくりまつり」当日には、大きな蝶が保育室に舞うことができ、子ども、保護者、保育者ともにその取り組みについて話し合う機会となりました。

　子どもが蝶の飼育がしやすい環境を整える事、子どもの興味によって調べやすい環境がICT機器を含めてさまざまな形としてあることで、更に深く興味を追及するきっかけをつくる事ができると感じました。また、直接体験とICT機器を活用して「誰かに伝える」という経験から、相手に伝えるにはどうしたらよいかを考えることで、思いやる心、自ら考えて行動する力が育まれてきたのではないかと実感しました。子どもたちの好奇心、探究心を満たすために、蝶の実態について調べたいと思える環境を整えたり、保育者がいっしょに子どもたちと疑問を解決したりする

蝶を調べに昆虫館へ

ことが大切であると改めて感じることとなりました。

(5) 本園のこれからのミドルリーダーの役割

　これまでの幼稚園では、園長の伝えたことを一斉にする活動が中心でありましたが、徐々にミドルリーダーに委ねていくことを通して、子どもたち自身から活動の方向性を得られるようになっていきました。また園庭環境とともにICT環境を整えること、また同時に鈴木先生とミドルリーダーを含めて皆で話し合う環境や時間が醸成されたことにより、子ども主体のプロジェクト型保育へと繋がっていくと実感しています。このような保育を進める上で、園だけで留まるのではなく、地域に繋がる実践にも広がっていくことが必要だと感じられます。これらは、ESD（持続可能な開発のための教育）の実践にも繋がるものであり、本園がユネスコスクールとして、子どもが地域の活動に参画していく形にもなっています。このほか、本園は2025大阪・関西万博のTEAMEXPO2025の共創チャレンジに参画することにより、地域の農家、企業、NPOとも活動を共にすることを進めています。こういった団体とも、ミドルリーダーが調整役となって、子どもの活動が進められるように、連絡調整を行い、豊かな体験活動が行なえるようにしています。こども家庭庁は、『幼児期までのこどもの育ちに係る基本的なビジョン（はじめの100か月の育ちビジョン）』の中で、こどもまんなかチャート（P.86）を示しています。

　「幼児期までのこどもの育ちに係る基本的なビジョン」において、専門的な立場で子どもの育ちに関わる人が、橋渡しをしていくことが求められています。園のミドルリーダーは、ICT等のツールを含めて、地域と繋がり、子どもを真ん中とした取り組みの意義を発信

■それぞれのこどもから見た「こどもまんなかチャート」

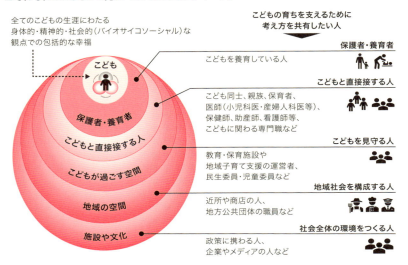

※空間には、幼児教育・保育施設や子育て支援の施設のみならず、公園や自然環境、デジタル空間を含む
※こども家庭庁「はじめの100か月の育ちビジョン」より

すると共に対話の場を作り出していくことが求められると考えられます。そして子どもを中心とした対話を生み出すような、時間、空間、仲間（教職員集団や鈴木先生のような外部講師）を生み出すような組織作りが園長に求められると考えています。

参考文献
※1　仙田満著『子どもとあそび』（岩波書店 1992）
※2　秋田喜代美監修・編著 社会福祉法人湘北福祉会あゆのこ保育園著『秋田喜代美の写真で語る保育の環境づくり』（ひかりのくに 2016）
学校法人七松学園 令和5年度 文部科学省 委託調査研究「遊びを深めるICT実践事例集」
名須川知子監修 大方美香監修 亀山秀郎編著『保育所・幼稚園・幼保連携型認定こども園実習』—MINERVA はじめて学ぶ保育;10—（ミネルヴァ書房 2018. 100-103）

3つの転機

認定こども園 七松幼稚園 **志方 智恵子**

経験年数30年目、現在の役職は副園長

1つ目の転機：亀山園長就任

　平成25年に亀山園長が新園長に就任し、園の運営や教育内容について教職員皆で考える機会が多くなりました。前園長のもとでの保育内容は、一斉保育でほとんどが決められたもので、長年築いてきたものを継承し、新任職員は先輩職員からそれを学び継続していくという保育の方法でした。そのため、一斉保育の方法を変えるという選択肢はなく、決められた行事に向けて、学年リーダーの指示でクラスや学年ごとに決められた保育内容に取り組むという保育でした。私立の園なので、この保育方法が、良い悪いということを考えることもなく、園の方針に従うという職員としての考えでした。しかし、亀山園長が就任してからは、主任として、園長とともに積極的に他園の見学をすることで、さまざまな保育環境や方法を考えるようになりました。他園を見ることで、自分のしたいことを見つけて取り組んでいる子どもの目の輝きを見たり、保育環境の大切さを知ることができたり、保育の楽しさを感じるようになりました。その中で、子どもにとって、今の自園の保育はどうなのかということを考えました。そして、自分自身が見学して他の教職員にも見てほしいと思った園は、園長に連絡をとってもらい、代休等にできるだけ多人数で見学をさせていただき、その園の場所で、情報を共有し伝えることで、教職員の考え方が少しずつ変わっていったように思います。

　私個人としては、我が子が通っていた保育園が、子どものひとりひとりのやりたいことを大切にし、良いところを伸ばし、やりたいことを繋げて拡げる園であったことが、一斉保育

からプロジェクト型保育に変更することに戸惑いがなかった理由だと思います。このように、少しずつ保育内容を転換し始めたところ、幼稚園から幼保連携型認定こども園へ移行することになりました。

　平成27年度新園舎に建て替えをすることが急遽決まり、翌年には、幼保連携型認定こども園に移行することになり、その当時のことを思い返すと、仮園舎での保育をどうするか、子どもたちの行事はどうする、明日のことを考えることで精一杯で、翌週、1か月先のことを考えることはほとんどありませんでした。そのような状態だったので、今までの保育の方法を継続することが難しく、臨機応変に変える行動力と考える力が、教職員についたと思います。「昨年はこうでした」ということが通用しなかったため、日々「どうしよう」「こうしたらいいんじゃない」と皆でやってみよう、やるしかないとチームで行動するようになりました。また、教職員の人数が常勤非常勤合わせて約20名であったため、情報共有がしやすかったことが変更しやすかった要因のひとつだと思います。しかし中には考えが合わず、退職した教職員もいました。残念ではありましたが、今思うと、チームで保育を進めていくという考えに賛同できた教職員が残ったことで、今の保育形態を確立することができたと思います。

2つ目の転機：研修会実施と保育の振り返りの充実

　平成29年に園の基本理念を作成しました。ミドルリーダーが8名集まり、基本理念作成の研修会を数回行いました。今までの園、これから目指す園の方向性、認定こども園として、地域での取り組み等、何度も話し合いを重ねる中で、皆が意見を言い合える関係性ができたと思

staff voice

います。ようやくできた基本理念をほかの教職員に伝達し、その伝達の際に意見を出し合うという方法を教職員間で共有することができるようになったのもこの頃からでした。

また、認定こども園移行後、兵庫教育大学の鈴木正敏先生に来園していただき、継続的に研修会を行いました。他園の保育の話や自園の保育の振り返りに参加して意見をいただくことで、他園の情報、保育の悩みの教職員間での共有、日本の現在の保育についての話等をしていただき、保育の方向性を模索しながら考える機会になりました。鈴木先生の話は、職員の課題に対して的確な話が多く、保育の内容だけにとどまらず、お悩み相談会のようになっているときもありました。プロジェクト型保育を進めることができたのは、園の外から見守っていただいている鈴木先生のお力が大きく、いつも感謝の気持ちでいっぱいです。

3つ目の転機：コロナ禍での保育

ようやく園舎建て替えが終わり、認定こども園にも移行し、落ち着いて保育に向き合えると思っていたところ、新型コロナウイルスが感染拡大し、コロナ禍で保育をすることになりました。次から次への試練です。園が休園になっても、子ども・保護者と園の関係性が切れないように考えたのが、ICTを活用することしかなかったというのが現状です。「今、子どもたちにできること」を合言葉に「こうしたらいいんじゃない」と教職員が知恵を出し合い「やってみよう」「やるしかない」の気持ちで、ICTを活用していくことができました。教職員同士が意見を出し合うという職場風土ができつつある状態だったので、今までの経験を踏まえて、基本的には歩みを止めず、ひとりひとりの教職員が自分で考え、できるこ

staff voice

とからしていくというスタンスで取り組むことができました。ICTを活用するための移行時期には試行錯誤しながらでしたので、一時的に業務量がふえることもあり、仕事が進まず、教職員からは、「時間がかかる」「手書きの方が分かりやすいのでは」という意見もありましたが、活用できるようになると、業務が改善され、時間短縮につながりました。また、ICT機器の使い方については、教職員同士で教え合う姿をよく見るようになり、情報共有が行なえるようになりました。

最後に、ひとりひとりの教職員が個性を持っていて、得意なこと苦手なことはさまざまあります。得意なことは披露し皆で共有し、苦手なことにもトライし、皆で助け合いながら、試行錯誤で、保育に取り組んでいくことができるようになったと感じます。

また、一斉保育からプロジェクト型保育に変わる中で一番感じたことは、子ども同士が話し合う機会が多くなったことです。そのような保育を進める中で、子どもたちが自分の意見を主張することや相手の意見を聞くことは、人との関係性を学ぶ大切なことだと思います。特に、自分のしたいことを見つけて取り組んでいるときの子どもたちの目の輝きが違うことを感じます。

この10年で保育者の姿も変化しました。職員室での会話が「これ、子どもたちがしたいと言ってるんですけど」「今日、これしてみてよかったです」と笑顔で話す教職員の姿が多くなりました。「笑顔で、やってみよう」が大切だと思います。これからも教職員間のコミュニケーションの時間を多くとり、意見を出し合える関係性を大切にしていきたいと考えます。

子どもも保育者も
ともに考え、
ともに楽しむ
保育を目指して

実践事例

2

幼稚園型認定こども園 高槻双葉幼稚園 園長
岡部 祐輝

第1章 子どもの主体性は大切！でもなにからやれば…（探る・試行錯誤する）

（1）高槻双葉幼稚園の歴史的経過（沿革等）

　高槻双葉幼稚園（以下当園）は、昭和42年に大阪府高槻市南部に開園しました。幼稚園の付近は、住宅街が多く立ち並ぶ地域で、阪急高槻市駅から約1.5kmの位置にあります。高槻市は現在中核市ということもあり、関西のベッドタウンのひとつとして認知されています。

　そのような高槻市で、当園は以下の沿革をたどってきています。

当園の沿革

1967年（昭和42年）	高槻双葉幼稚園開園（4・5歳児）
1989年（平成元年）	3歳児プレールーム開始
1992年（平成4年）	3年保育（3歳児）開始
1999年（平成11年）	預かり保育（ホームクラス）開始
1999年（平成11年）	B棟園舎完成（4教室）
2000年（平成12年）	2歳児プレールーム開始
2007年（平成19年）	A棟園舎完成（11教室）
2008年（平成20年）	C棟ホール棟完成
2015年（平成27年）	小規模保育事業キッズルームふたば（0〜2歳）開設
2016年（平成28年）	給食室増築

2017年（平成29年）	幼稚園型認定こども園へ移行
2020年（令和2年）	小規模保育事業キッズルームふたば（1・2歳児）へ移行
2021年（令和3年）	園庭リニューアル工事
2023年（令和5年）	保育所の空き定員等を活用した未就園児の定期的な預かりモデル事業（2歳児）開始

　以上のような沿革をたどり、今に至ります。開園から半世紀を超える歴史がある中で、時代の流れに基づき、教育・保育や運営と、さまざまな変遷をたどってきました。

(2) 当園の教育・保育の変遷について

　かつては、「言われたことを言われた通りできるようになる」などのことが教育の中で大事にされていたと思います。その頃は当園でも、「何をするか」（例：絵画・鍵盤・体育・プリント　など）という部分に計画、教材研究、教材準備などに時間を使う方法で、日々の保育を進めていましたが、2010年頃から徐々に、例年決められたカリキュラムや計画を重視し、進めていく方法から、「保育者が考え、子どもが主体となる保育」ということを重視する考え方になってきました。しかしこの「保育者が考え、子どもが主体となる保育」というものは、カリキュラムや計画を重視した教育・保育とは大きく性質が異なるため、考え方を新たにしていく中で、「探る」、「試行錯誤する」期間が長くありました。例えば、これまで生活発表会で行なっていた劇は、保育者が子どものセリフを考えたり、立ち位置を考えたり、衣装や道具をセッティングしたりするなど、保育者（大人）の手助けがかなり多くある中で、子どもたちがその指示を聞いて、

インプットし覚えたこと、できるようになったことを披露するという色が比較的強くありました。また、運動会では、保育者が設定した競技や演技を当日披露できるように、覚えたり、段取りを教えたりするという活動が多くあり、例えばリレーの練習方法を自分たちで話し合うなどといったことはほとんどありませんでした。このような計画についても、保育者は当然、「考える」ことをしているわけですが、子ども主体の保育について、この「考える」ということは、子どもの姿（興味・関心など）を的確に見取り、その姿と保育者のねらいや願い、そして園の理念や考え方、もっと広く見ると幼稚園教育要領なども踏まえたうえで、計画や活動を行なっていくということを、考えるという意味合いになると思っています。

　さらに行事の位置づけが、「ピークを合わせる」、「完成形を見せる」という意識がまだ強くあった時期ですので、そのような意識を持つ中では、「カリキュラムに追われる」、「間に合わない」というような言葉が保育者間から聞こえてくることもありました。

　また、行事だけではなく、日常の保育についても、これまで一斉に同じこと・活動を行なっていたことから、子どもの興味関心に応じた保育活動を保障するためには、子どもたちの「遊び」の時間を充実する必要性があります。この遊びについても、「保育者が用意した環境で遊ぶ」ということが多くあった中で、子どものつぶやきや、やってみたいという行動を読み取り、子どもの姿とともに遊びの環境を考えることは、従来の教育・保育の方法から簡単にチェンジできるものではない難易度がある保育者の専門性でした。

　このように、考え方の方向性が変化し、探り試行錯誤することも多くある中でも、当園の保育者はさまざまに工夫し実践を進めてきました。そのひとつとして、自由遊びの環境構成について、例年用

意されているものだけを用意するのではなく、各クラスの子どもの姿や保育者の強みを生かし、「各クラス・担当の個性を出す環境構成」を考えるなどしていました。ちょうどこの時期に、クラスでたまたま流行したお寿司屋さんのごっこ遊びから、家庭から持参した廃材などを活かして、回転ずしコーナーに変化したり、カウンターのあるお寿司屋さんがオープンし、「寿司下駄」が登場したり、シャリが紙から、緩衝材を見立てたものに子ども自身が変化させたりするというような、遊び方の変化、広がりが見られました。従来ですと、「このような方法はどうだろう？」、「このような材料使ったらいいんじゃない？」など、保育者のつぶやきや、ひらめきが先行し、それが子どもの遊び方やイメージの生成に影響を与えたりするケースがありましたが、この場面では、保育者が遊びをリードする発言をするのではなく、子どもたちから言葉やイメージが沸き上がってくる環境構成を用意し、子どものやってみたいという言葉が、生まれやすい環境を作ったことから、子どもの言葉が生まれ、それを保育者がつなぎ、遊びを展開したということになっていたと考えます。ただ、この時期はこのような子どもの遊びが、偶発的、自然発生的にピンポイントで現れることはありましたが、そこから他の行事や、活動につながったり、学びや気づきを転移させたりする手立てなどを講じることはまだ少なかった時期と考えます。

　以上の過程をふまえ、当園ではまず「自由遊びの環境構成」を切り口に、保育者が子ども主体となる保育を考え始めました。

第2章 環境構成から始まった 子ども主体への歩み（一歩進みだす）

(1) 保育環境評価スケール（ECERS）との出合いと遊びの環境の変化

　第1章の通り、教育・保育及び組織体制とさまざまに考えはするものの、どう踏み出せばよいかということを考える時期を経て、当園では教育・保育の観点でひとつ変化のきっかけとなる出来事がありました。(一社)大阪府私立幼稚園連盟教育研究所において、連盟加盟園からメンバーを募り、一定期間テーマに沿って研究をするという活動が行われていますが、その研究プロジェクトのテーマとして、「保育環境評価スケール（当時はECERS-Rについて）」（以下ECERS）を活かした研究プロジェクトがありました。当園からも現主幹教諭の伊藤が参加させていただき、約2年間研究と学びの機会をいただきました。

　ECERSは、アメリカで開発された3歳児以上の集団保育の質を測定する尺度と言われています。秋田・佐川（2011）は、このECERSについて、「国際的に広く利用されているECERS/ECERS-Rを使えば信頼性・妥当性が高く、国や地域ごとの比較がしやすいという利点がある。また数量的データは、保育政策を決定したり方向付けたりする際の根拠となる説得性の高さという有用性をもつ。行政水準のマクロレベルでの保育の質向上のための議論には、説得力を持った強力なツールである」と述べています。[※1]

　研究プロジェクトでは、このECERSに記載されている全35項目について、「どのようなことが書かれているか」、「書かれていることが

なぜ大切とされるか」、「具体的な事例はどのようなものか」ということを、月々の研究会の例会でメンバー同士で話し合い、ECERS-RやECERS-3の翻訳をされた埋橋玲子先生のご示唆をいただきながら、ECERSの理解を深めていきました。その研究プロジェクトの学びをもとに、当園でも保育室環境に変化が見られました。(以下はその当時の写真です)

項目3　遊びと学びのための室内構成　を参考に
(参考：新・保育環境評価スケール①3歳以上)※2

子どもが遊びを選択し、工夫し、広げることができる玩具、素材、コーナーなどが色々とあるように、活動センターやコーナーを設けています。

項目20　積み木　を参考に
(参考：新・保育環境評価スケール①3歳以上)※2

積み木を並べたり積んだりできる十分なスペースを確保したり、付属品(車など)があることで、ストーリーやイメージが広がり、子ども同士の会話が広がっています。

　以上のように、ECERSの考え方を踏まえて環境構成を考えたことで、以下のような良さや、子どもの姿の変化がありました。

① 遊びを継続することができる (つながる/広がる)

　明日も続きから始めようとすることで、これまでの場合、例えば前の日に作った積木の塔が、その日の間に片づけられていましたが、そのまま残しておくことで、次の日に0からのスタートではなく、

途中からのスタートになり、遊びがより発展しやすくなりました。

② 遊びに集中することができる（深まる）

　これまで保育室の中で、遊び場所や身辺整理の場所などが入り乱れていたことで、子どもたちがダイナミックに遊びきれないという課題がありました。環境構成を意図的に考えたことで、身辺整理などのスペースと動的に遊ぶスペース、静的に遊ぶスペースなどが確保され、結果として子どもが遊びに没頭できる環境となり、遊びが「遊びこむ」という状況になっていきました。

③ 片付けなどのルールや方法がわかりやすくなる

　ECERSの項目の中に、ラベルがついた開放棚があるかというような項目があり、それらを参考に、収納棚やスペースに視覚的な掲示物（例：その場所に片づけるものの掲示など）が増えました。結果として、これまでどこに片づけたらよいかわからなかったものや、また今度続きをしたいと考えている未完成の作品などをどこに置くかなど、「モノの居場所」が明確となり、子どもたちが進んで片づけたり、整理したりすることが以前より意識的にできるようになりました。

④ 個々の興味・関心を反映させやすい

　これまで、各保育室では比較的同じようなおもちゃ、似たようなおもちゃが置かれる傾向がありましたが、ECERSの項目を参考にしたことで、子どもが経験するとよい多様な環境やおもちゃのアイデアが浮かび上がり、結果として保育室内の物が充実しました。また、これまでは既成のおもちゃで遊んでいたところから、廃材製

作コーナーで新しい作品が生まれたり、用意されたおもちゃや環境を、子どもが自ら考え、結び付け、新たな遊びの環境を生み出したりする場面も増えてきました。「ないものは自分たちで創り出す」ということが経験的に行える環境となってきたと考えます。

　このように自由遊び場面では、徐々に「子どもたちのやってみたい」という思いやつぶやきが、保育の中で形として現れてくるようになりました。

　しかし保育上の課題は、実践を通して、さまざまに浮かび上がってきました。

課　題

> ● 自由遊びの時間はたくさん確保したい！　でも、カリキュラムやプログラム、行事など「決まっているもの」の数がまだまだ多く、十分に時間が確保できない。
>
> ● 日常の保育（自由遊びや集団活動）と行事を見渡した時に、行事の特別感が強く、日常の保育とのつながりが薄いと考えられる。
>
> ● 環境構成は充実してきたものの、本当に園の子どもの姿（興味関心）に応じて、環境構成ができているかという、子どもの姿を見とる力を高めることが必要となってきた。

　このような課題が教育・保育の観点では存在するようになりました。課題は一見増えたように見えますが、「これまで気づかなかったことに気付くことで課題は増えていくし、むしろそれが健全で学ぼうとしている集団ということになると思いますよ」という言葉が私自身の口癖となった時期でもありました。このような課題をもと

に、園の状況を踏まえ、自身が掲げたキーワードとしては、以下の言葉が現れるようになりました。

キーワード

> 「例年の活動」を見直そう/「例年」という言葉を疑おう（当たり前を見直そう）
>
> 「何をするか」ではなく、「何が育つか/育とうとしているか」を考えよう
>
> 「結果だけではなく過程を保護者と共有しよう」
>
> 「子どもを主語」にして話そう

環境構成での取り組みを経て少しずつ変化してきた教育・保育の視点に上記のキーワードを踏まえて考えていく中で、自由遊びのあり方から、集団活動や行事などにも徐々に変化が生まれてきました。

第3章 子どもの姿から出発する保育実践に向けて（深化・進化する）

(1) 子どもの過ごす環境が豊かになると…

第2章で記述した通り、子どもたちの過ごす環境は、遊びが多様に選択でき、自分のアイデアをもとに、新たな遊びや遊び方を創造できるような展開となり、遊びのつながり、広がり、そして深まり

子どもも保育者もともに考え、ともに楽しむ保育を目指して

とさまざまに充実してきました。このように目に見える変化は保育者も実感しているようでした。実感していることを振り返りや、新たな環境構成を考えようとする前向きな姿勢などから感じ取ることができました。この時期には、研修会や他園への見学、公開保育の参加などを経験した職員が、そこで見聞きした情報をもとに、各自が担当するクラスの環境構成にそのアイデアを活かして取り組もうとする意欲が大変高い時期でもありました。

　また環境構成が豊かになることにより現場の保育者の語りや振り返りの記述には、「環境構成における手立て」への意識が高くあるように見受けられました。この手立てを考える行為については、子どもたちの活動を支える大変重要な保育者の行為でもあり、専門性を有する行為であると考えますが、それと同時に私たちは改めて、その手立てを考える前に目の前の子どもたちの姿を出発点にしていくことを考えました。いわゆる「幼児理解」、「子ども理解」です。自園のその当時の現状を鑑みた時に、「何に興味を持っているのか」、「何を実現しようとしているのか」、「何を感じているのか」ということを、感覚的に捉えることや、保育者各自では捉えることができていたかもしれないですが、それらを言語化したり、顕在化したり、共有したりすることをより一層意識して行う必要性を感じました。特に子ども理解は、各保育者のみで行なっている場合、「〜かもしれない」という保育者の感覚的なことでそのまま進んでしまったり、その保育者の得意な見方で進んでしまったりする可能性があります。これらを複数の保育者で見取ったり、考えたりすることで、子どもが感じている面白さ、子どもの行動の背景、子どもの遊びのこれからの発展の可能性など、さまざまな観点で可能性を語り合うことで、子ども理解を多面的に行うことができます。子ども理解を

実践事例2

101

言語化し、語り合う文化が醸成されてきたことで、これまでも大切にしてきた環境構成がより深まってきた感覚が生まれてきました。
　例えば、次のような過程が例として挙げられます。

> **以前の環境構成を考える際の保育者の言葉例**
> 「〜と〜の環境がうちの保育室にないから用意してみよう」
> 「研修会で紹介されていた〜コーナー、子どもたち絶対好きそう」
> 「3歳の子どもたちならこの環境がよさそうだね」
>
> **子ども理解を踏まえて考える際の保育者の言葉例**
> 「〇組の子どもたち、恐竜のフィギュアを使って、ごっこ遊び最近よくしているよね。恐竜になりきることが好き？　大好きなAちゃんと演じられることが好き？　もう少しフィギュアの種類とごっこ遊びでなりきれるグッズを増やしてみようかな」
> 「じっと雨の日に外を見ていたA君、何を見ていたのかな？　面白いと思っていたのかな？　もっと音に注目できるように、缶を軒先においておこうかな」

　Before→Afterで大きく発言の雰囲気が違うことにお気づきになるかと思います。前者でも子どもの姿を無視して、保育者のやりたいことだけを持ち込んでいるというわけではないですが、どうしても保育者の思いや目線での捉え方になったり、子どもが見ている世界をはじめに考えたりすることが、出発点にはなりにくい状況が垣間見えてしまうと考えます。この部分を後者のように、「子どもにとってどうか」、「彼らは何を感じ、何を思い、何を楽しんでいるのか」というように、子どもの内的な心の動きや揺れに思いを馳せ考えることで、しぜんと子どもの姿、子ども理解から出発して手立て

(2) 子ども理解を大切にするための園内研修として

　前節の通り、子ども理解を踏まえて教育・保育計画を捉え直していくことを進めることは、現場保育者にとっても大変専門性の高さを有する行為となります。養成校での学びですでに子ども理解の重要性は各自学んできているものの、「何を」、「どのように」見るのか、解釈するのかということを、実習生という立場ではなく、保育者として子どもの中にいる存在として保育を進めながら捉えていく、同時進行的な営みになることで、その難しさはより大きなものとなります。

　しかし、日々の忙しさの中でも、子ども理解をするためにさまざまに「見る」ということを、知識として理解することは大変重要です。そのために、園内研修では新たに、「互いの保育を見合う園内研修」と、「動画をもとにした子どもを見取る園内研修」の２つの園内研修を軸に行いました（本稿では前者の説明を行います）。

　「互いの保育を見合う園内研修」では、当初同学年保育者やフリー教諭など、保育の妨げにならないように人員配置を工夫したうえで、互いの保育室を見合う日時を決め、保育を観察し、気づいたこと（よいと思うこと／意見として考えたことなど）を付箋ではり、その上で事後の振り返りで協議するというものでした。この方法は、現在、全日本私立幼稚園幼児教育研究機構で行われている、「公開保育を活用した幼児教育の質向上システム（ECEQ®）」[※3]の方法を参考に行なったものです。当初はその保育の見合いを行う上での進行役を私が行なっていましたが、対話が生まれたり、公開クラス保育者と参加者が互恵性のある会にしたりするための進行スキル、特に

ファシリテーションスキルがまだまだ私自身未熟でした。保育者それぞれの見方、感じ方で保育を捉えたり、観察したクラスの子どもの姿を捉えたりすることとなり、いろいろな意見は出るものの、子ども理解を中心に据えた対話を行うところまでは十分にできていなかった可能性があったと振り返ります。そこで、その後の工夫として、ECEQ®の方法を参考に、「公開するクラスが問いを立てること」、「参加者は問いに基づいてよいところと意見を述べること」という方法で行いました。そのことで、公開する保育者にとっては自分が日々の保育でむずかしさを感じていることを同僚に共有できたり、自身の保育の問いに対して、新たな視点や方法を見出せたりするなどの成果があったと保育者自身が述べていました。この方法を用いて保育を見合う中で問いの傾向としては、「環境構成に関すること」、「保育者の手立てに関すること」が多くありました。やはり日々の保育実践を行う中で、子どもたちが刺激を受け向き合う環境と、その環境をはじめ、保育者がどう子どもたちと向き合い援助する必要があるかということについては、各自課題意識や関心度が高くあることがうかがえました。この構造はまさに前節で記述した通り、環境構成という手立てへの意識の強さの表れとイコールの状況にあると言えます。そこで次なる工夫として、公開するクラスは「問いだけではなく自分が捉えた子どもの姿なども観察者に対して説明すること」、参加者は、「問いに対してコメントする際に子どもの姿を踏まえた意見（手立てなど）を語ること」を意識してみました。通常のECEQ®などでは、問いについては、保育者の考える視点で、ある種自由に構成されることが多いと考えますが、今回は「子ども理解」を軸足に考える園内研修の一環ということもあり、そのように意識化する方法をとりました。このように「意識化すること」や「形

104

にして表そうとすること」を繰り返す中で、しぜんと手立てだけではなく、その手立てを考えるプロセスの中に子ども理解についての語りや記述が増えていきました。この園内研修の中で大切にしていた価値観としては、「互いの見取りを否定的に捉えない（それ、違う！　を言わない）」、「唯一無二の答えにこだわりすぎることなく、さまざまな可能性を出し合う」という２点を、当初スタート時にはルールとして持ち込み、行いました。保育者のいわゆる「勘・感覚」というものは、多くの場合当たっていたり、妥当であったりすることが多くあると考えます。しかし、経験則による勘や感覚のみで保育や子どもを捉えてしまうことは、子どもがその遊びや活動で行なっている行動の意図を深く読み取らず、議論を終えてしまう可能性がもたらされます。そういう意味では、この子ども理解に関する園内研修では、決して、経験のある保育者の発言が正しい、妥当という雰囲気の中で行うのではなく、誰しもが子ども理解をより深める認識、解釈を持ち合わせているんだという雰囲気の中で行うことで、互いの考えを積極的に、そして肯定的に述べることができるのだと思います。

　以上のように、子ども理解を深めていくための園内研修を行なったことで、保育者が日々の保育の中で、子どもを見る視点、子どもの声を聞き取ろうとする観点が豊かになり、結果として子ども理解を踏まえた手立てを考え、語ることができるような文化が醸成されてきたものと考えています。

　またちょうどこの頃から、鈴木正敏先生に学期に１回程度来園いただき、保育観察とそれを踏まえた園内研修を行なっていただくようになりました。鈴木先生とは、(一社)大阪府私立幼稚園連盟教育研究所の第27次、第28次プロジェクトでおつながりをいただき、

当園に来ていただけるご縁に恵まれました。私たちにとって、日ごろ同僚間で保育を見合ったり意見を伝えあったりする中に、研究者である鈴木先生に見ていただき、私たちが持つ問いや課題意識に応じながら、その思いに寄り添いつつ、新たなご示唆をいただけたことで、「問いを再構成する」ことや、「単一的な視野からの広がり」を獲得することにつながっていった感覚がありました。また何より、来ていただいた際に、「よくやっているよね」という思いを込めたお言葉をいただけることは、現場にとって「よし、また頑張って進んでいこう」と思える気持ちにしていただけたものと思います。

　園内研修では、保育観察で気になった部分、問題と考える部分を取り上げるようなスタイルではなく、「子どもの姿として印象的なようす」、「今の当園の教育方針や中心的な価値観につながると考える描写」の写真などをもとに、気づきをフィードバックくださり、実践を言語化していただき、実践の中にある子どもの可能性と保育者の援助の可能性を見出してくださる感覚がありました。鈴木先生にお越しいただき園内研修で整理いただいたことをもとに、またその学期に取り組み、そして次にお越しになる際に、自園内であらかじめ前回の問いを各自振り返りつつ、新たな問いを持ち、鈴木先生に見ていただき、またそれらを踏まえ、保育観察と園内研修をしていただくというサイクルで、園内研修の学びを進めてきました。

第4章 子どもとともに考え、作る保育実践へ
（子どもの主体性とは何かを考える）

（1）子どもの活動の足跡が増える

　これまでもさまざまな遊びや活動が保育室の中に見られましたが、近年では子どもの遊びや活動の足跡が多く見られるようになりました。例えば、これまでは子どもの遊びや活動を保育者が見聞きしたり、見取ったことを文字や写真を活用して表したりするなど、保育者の書いた文字が一定数見られました。そこから、保育が変革するプロセスを経て、以下のような光景が広がってきました。

　このように、保育者が子どもの姿を踏まえ手立てとして講じた環境や、保育者のかかわりをもとに、子どもがこれまでの経験や培った知識や技

手裏剣を作って遊んでいるため、周囲に注意喚起をしようと、自分で文字を調べ書き表そうとしている。

クラスで流行しているお祭りをほかの年齢にも見える位置に移動して売り込み中。

動物園の遠足で見聞きした情報や当日撮影した写真を合わせて新聞形式で表現している。

を発展させている姿が見られました。この状況は、まさに、子どものやってみたいという興味関心と、保育者が子どもの姿をもとにねらいや願いをもって手立てを行なっていることがうまく交わっていると考えられます。現在の幼児教育の中で示されている資質・能力として、「豊かな体験を通じて、感じたり、気付いたり、分かったり、できるようになったりする知識及び技能の基礎」、「気付いたことや、できるようになったことなどを使い、考えたり、試したり、工夫したり、表現したりする思考力、判断力、表現力等の基礎」、「心情、意欲、態度が育つ中で、よりよい生活を営もうとする学びに向かう力、人間性等」の３つがありますが、まさにこの３つの資質、能力につながるような姿が多くみられるようになってきました。

　この資質、能力の育ちをより一層育むために、わたしたちは次の取り組みとして、「行事のアプローチの見直し」と「一斉に行なっていた活動の見直し」の２点に着手しました。

(2) 行事のアプローチの見直し／一斉に行なっていた活動の見直し

　当園では他の幼稚園と同様に、一定数の行事が存在しています。例えば開催までの取り組み期間の長さや、当日の保護者の参加数などの観点で大きいと言われる行事として、「運動会」、「発表会」、「成長展」の３つの行事があります。この３つの行事がどのように変わっていったか説明をしたいと思います。

運動会

　これまでは、保育者が演技や競技、リレーなど場を準備し、方法を教授し、その動きや流れを覚え、当日に向けて練習するという構

造で運動会のいわゆるレクチャーをするという意識があったと考えます。教えられたことを教えられたとおりに行うことや、完成度を意識することなどの価値観から、子どもの姿から行事を考え、日常の遊びや活動から行事につながることを重視した、当日までのアプローチに変化しました。例えば年長児クラスでは、リレーや綱引きを行う中で、勝ちたいという気持ちやもっとうまくなりたいという気持ちの高まりに基づき、練習方法や走順、バトンパスの工夫などを話し合うなどし、話したことを試し、また振り返るということを行いました。また組み立て体操では、新型コロナウイルスの影響で、複数人で組んで演技ができない状況もあったので、これまでの方法を見直し、子どもたちが話し合い、保護者に見せたい演技や技をすることに変えました。例えば、ある年度では「一輪車を見せたい」という声や、「フラフープをふだんしているからそのようすを見てほしい」など、日々子どもたちが取り組んでいることからアイデアが広がり、演技の内容が決まってきました。

例えば顔を上にあげて引っ張るということも、子どもたちの作戦会議の中で決まっていきました。

また3歳児、4歳児の演技などについても、1学期の子どもたちの動きや関心ごとから、日々の表現活動が豊かになるような選曲や振り付けを考え、そこに子どものアイデアを付け加えていくという方法を用いて、一緒に運動会の演技を作る感覚を持つようになってきました。このような思考についても、子どもの姿を踏まえて考える意識を持つ段階を経たことが大きくつながっていると感じます。

発表会
　過去の生活発表会の形からの変化として、私たちが取り組んだことは、「この行事を通してどのようなことを経験してほしいと願い、どのような育ちを願うのか」という部分、そしてもうひとつは、「そもそも日々の子どもたちの姿として何に興味関心があり、何をしたいと思っているのか」という子どもの姿の部分を先に考え、そこから手段や方法として発表会でどのようなこと、どのようなテーマで取り組むといいのだろうかということを考えるようにしました。例えば、「発表会を通して、友達のアイデアや考えを聞き、それによってより良い新たなアイデアが生まれるような肯定的な経験をしてほしい」などの願いが保育者側にあった場合、以前のような「立ち位置を覚える」ことだけでは、保育者とその子どもの1：1の関係性の構図になりやすく、そのねらいに迫る経験ができにくいと考えます。一方で、例えばこれまでは保育者主導で作業をしていた、劇で使う大道具の作成を子ども同士で相談して作ったり、途中で言いたいセリフやダンスを、その役の子どもたち同士で相談したりする場面がありました。これは、自分にはない意見と出合い、自分の思いとは異なる意見と自分の意見との折り合いをつけることを経験したり、他者と話して生まれた意見でやってみてうまくいく経験をすること

子どもも保育者もともに考え、ともに楽しむ保育を目指して

は、願いに沿う取り組みになり得ると考えます。このように発表会の取り組みが年々、「子どもに委ねる」、「子ども同士のやり取りを大事にする」、「保育者も共に面白がる」ということを大切にするということと、その取り組みの過程を、保護者の方にドキュメンテーションなどを活用して伝えることをあわせて行なったことで、当日だけではなく過程でのようすや育ち、変容なども含めて捉えていただき、子どもたちの成長をともに喜び合える園と保護者という関係性が深まったと考えています。

　近年では、特に5歳児などでは、子どもたち自らが監督役をして、劇の見え方を伝え合ったり、アドバイスをしあったり、時にはタブレットで撮影をして後で映像で振り返りをするなど、これまで「練習」と称していた時間と、日々の遊びや活動とがリンクし、子どもたちのやってみたいことが詰まった劇や合唱などになってきたと考えています。

同じ役割のチームで廃材などを用いて大道具、小道具を相談して作り、できたら劇の中で使用し試す姿が見られました。

発表会当日、劇が終わったあとには見てもらった保護者の方に自分たちが作った道具や劇について説明をして回るなど自分の言葉で伝えようとしています。

実践事例2

111

成長展

　当園では例年３学期に、１年間の子どもたちの作った作品などを展示する、展覧会、造形展と言われるような行事を行なっていました。これまでは、同じ画用紙に同じテーマでみんなで一斉に描くといういわゆる「教師の意図性の高い保育形態」で絵を描くということに取り組み、描き方の指導、とりわけ道具の扱い方や、やるとよくないことの注意点の説明などを重視して指導していた時代がありました（過去はそういう方法が一般的な時代であったと記憶しています）。しかし、近年の子どもの主体性を重視する保育形態になってからは、絵を描くことについても、できる限り自由度を高めて描くようにしました。例えば、描く紙のサイズを子どものニーズに応じて選んでみたり、描く手順なども一律に決めるのではなく、子どもが描くもののようすを直接見たり感じたりして自分のペースで描いたり、保育者と対話しながらそのイメージした世界を描いたりなどするようになりました。まだまだ当園では研修や他園見学などもさせていただきながら、「造形遊び」については学びを深めているところですが、「〜について描く」という方法から、「描きたいから描いた」、「面白そうだったから色をたくさん出してみた」など、試してみたい、やってみたいことをもとに取り組める造形遊びの延長としての成果物を大事にしたいと思います。

　加えて展覧会、造形展というような名称も変更をし、「成長展」としました。これは１年間の成長の足跡を造形作品だけではなく、保育室にあるドキュメンテーションや、各保育室で１年間遊んできた環境そのものも作品・成果だという捉え方をして、自分が過ごした保育室に保護者の方に来ていただき、そこで子どもがそれぞれの方法で保護者に楽しかったこと、面白いと思うことなどを伝え、会話

する時間にしたいという思いを込めて変更しました。自分の思いや考えがこもった作品だからこそ、いきいきと説明する姿が印象的でした。

日々の遊びの中で生まれた作品などをそのまま掲示・展示しており、その過程をドキュメンテーションで説明しています。

自分で書いた字で作品を説明したり（字は図鑑などで調べて）、直接喋って伝えたりしていました。

　以上のように行事を見直す中でも前述した鈴木先生の保育見学と園内研修は大きな意味合いがありました。園内研修の時間に、行事の振り返りを兼ねて行なっていただいた時がありましたが、その中で行事を通しての子どもの育ちを各自で出し、その考えたことを同僚間で語る中で、鈴木先生がその語りの背景や今後の展望、可能性などについて言及くださることで、おのずと「自分の実践に対する肯定的な振り返り」と、「その良さを踏まえた日常の活動との関連や次の手立ての構成」などを考える流れを作っていただきました。行事においては特に「反省会」となりやすい側面があるため、このように子どもを主語にとらえ、子どもだけではなく、保育者自身の良さや面白かったことなどを可視化、言語化することで、次の活動に向かうエネルギーを持った状態で考えることの良さを園内研修を通して実感させていただきました。

第5章 新たな時代に今をいかにつなげていくか（これからの挑戦）

(1) 形を変えていくために大切なこと

　これまでご説明してきた通り、約10年程度の時間をかけながら、日々の子どもの姿、そしてその姿をもとに振り返ることなどを行い、少しずつ周囲の理解を得ながら、保育の形を変えてきました。この背景には、もともと当園の中にあった、何事にも真摯にまじめに取り組もうとする保育者の文化があったこと、そして園の方針や考え方に賛同し、子どもたちのようすと合わせて園生活に高い関心を寄せてくださった保護者、地域の方々の存在が大きく影響していると考えます。私たちリーダーは、どの園にも必ず存在する、「よさ」と「課題」など、「現在の園の位置関係」をあらゆる観点から理解することから始める必要があると考えます。そしてあわせて、「何のために、どのような方法で、どのようなことを目指したいのか」という「目標とする園の方向や位置」などもイメージし、それらを適宜、保育者や保護者、地域に伝え共有していくことが求められます。

　そしてもう1つ重要なことは、「過去を否定しない」ということです。よく「保育を変える」というと、「過去の保育がダメだから変えないとまずい」という捉え方をされがちですが、決してそのようなことばかりではないと思います。たしかに課題は大なり小なりあるかとは思いますが、過去は過去でその時代で正しいとされてきたことを着実にしていたとも考えられます。先代やこれまでの歴史を創り出してこられた以前の保育に敬意を払いつつ、新たな時代が求め

ていることに応じて、「今はこれが必要だから変えていこう」という議論をすることも、重要なのではないでしょうか。

（2）これからの時代を見据えて取り組もうと思うこと
私ごとから、私たちごとに捉える社会を大切にしたい

　ライフスタイルや価値観が多様になることで、他者の考え方や価値観が納得いかなかったり、共感できなかったりすることもあると思います。また、さまざまに多忙な日々を送る中で、自分のことを中心に考え、それが時には「自分さえよければ」という考えや、「他人のことは知らない」などという考えに至ることもあるかもしれません。また新型コロナウイルス感染症拡大の影響下にあった際には物理的な距離を他者ととる必要性が生じ、物理的にも精神的にも他者と距離があいてしまうことがあったかもしれません。

　このような背景の中でわたしたち保育者は、日々の保育の中で環境だけではなく、子どもが他者とつながる機会や、他者とつながることを肯定的に捉える経験をすることが重要と考えます。「こけた時にAちゃんに助けてもらった」、「Bちゃんが教えてくれた方法でやったらうまくコマが回せた」など、保育の中にある遊びや生活を通して、子ども同士がつながりあうような援助を保育者が行うためには、保育者の子どもを見取る力だけではなく、そっと寄り添うこと、そっとつなごうとすること、子ども同士をさりげなくつなげる言語的な援助をすることなどが重要になると考えます。

幼児教育での子どもの育ちを小学校につなげたい

　小学校とのつながりを考えることも今後ますます重要だと考えます。当園では2010年頃より、園と近隣小学校との取り組みとして

1年生の授業を見学することや、1年生の先生と5歳児担当保育者での懇談会、1年生と5歳児の交流などを例年行なってきました。その取り組みを通して、5歳児が小学校のようすを知り、小学校へのあこがれや期待を持てるよう支えてきました。多くの園でも行われてきた取り組みのはずです。しかし現在、国では、「幼保小架け橋プログラム」と言われる幼小接続・連携に関係する取り組みを掲げ、モデル地域の実践を経て、全国的に取り組みとして広めていこうとしています。

　私自身も、もともとは公立小学校で教諭をしており、1年生の担任を経験しています。その際に、幼児教育のことの理解が十分あったかと言われると決してそうではありませんでした。そもそも幼児教育で何が育っているのか、どのようなことを経験してきているのかなど、そのようすを直接知る機会が限りなく少なかったですし、ゆっくりと幼稚園や保育所の先生方と交流する時間がありませんでした。小山（2009）は、「保幼小連携は重要であり、取り組まねばならないが、実際に時間がとれないために連携の活動が進んでいない園や学校もあることや、最近は多くの学校・機関・施設との連携が求められており、様々な連携事業に取り組まねばならない。しかし、他機関との交流が一時期に集中する場合には、正課の保育所・幼稚園の保育活動や小学校の教育活動を妨げてしまうことにもなりかねない」と述べています。[※4]

　また、保育者と小学校教員の「幼小接続」、「幼小連携」に向かう意識差があると考えます。鈴木（2018）は、某県の私立幼稚園・認定こども園への保幼小連携に関するアンケート調査の中で、「連携する場所」として「園児が小学校を訪問」が多く、「連携の方法」としては、「小学校の設定内容へ園児と小学生、先生、保育者が参加・交流」が

多いことが述べられていました。※5 このことからわかるように、「幼小接続」、「幼小連携」の取り組みが、「就学前施設が小学校に招待される」、「小学校の活動の一環として接続・連携活動がある」というように、就学前施設が、活動や取り組みのねらいを主導して、設定することができなかったり、就学前施設側が、小学校のようすを見に行く（見に行かせていただいている）といったりするという関係性の中、「幼小接続」、「幼小連携」が成り立ってしまっている可能性があります。

　このように「幼小接続」、「幼小連携」の難しさの要因について考えてきましたが、反対に「幼小接続」、「幼小連携」が進んでいくために重要と考える視点として、「保育者・教員の捉え方や考え方の共有と相互理解」であると考えます。校種がそれぞれ持つ教育方法や、その方法に対応するということは、保育者・小学校教員それぞれが、それぞれの校種に対して大切にする価値観が異なるということにつながると想定されます。山崎ら（2006）は、幼稚園教育では、幼稚園教諭が情緒的・感情的側面を重視しているのに対し、小学校教諭は友だちと仲良くすることやルールやマナーを守ることができる子どもを育てることを挙げており、両者間に認識の違いがあることを述べています。※6 また、山下ら（2015）では、幼稚園や保育所などにおいては、ある生活習慣や生活スキルが「できる」、「できない」ということや、そのできばえを重視するのではなく、自分から生活や遊びに必要なスキルを獲得しようとする意欲や豊かな想像力を育む心の成長を大切に考えているのに対し、小学校ではある水準に達することが求められ、評価されていたと述べています。※7 いずれの結果も、保育者と小学校教諭を比較した際に、日々の教育や指導、援助の中で重視していることが異なっていることがわかります。この

ことは、仮説の域を出ませんが、校種における子どもの捉え方や子ども理解の違いからきている可能性も考えられ、小学校に子どもが進学した際に、小学校教員が必要以上に子どもを幼く捉えてしまう可能性も考えられます。かつての私も1年生担任をしていた時には、できていない部分や、支えていかないといけないという意識が強く働いていたかもしれません。

　以上のような問題が存在していますが、これは裏を返せば、幼児教育での子どもの学びや育ちを小学校に発信したり、保育者、小学校教員が「子どもの姿・学び・育ちをどのように捉えているか」ということを、共有・相互理解したりすることで、「幼児教育からつながる子ども理解」ができ、結果として幼小接続・連携が進んでいくと考えられるのではないでしょうか。

　以上の考えを踏まえ、私はオンラインも活用しながら、幼稚園、保育園、認定こども園、小学校の先生方や研究者の先生方と、不定期にはなりますが研修会を開催しています。そこで毎回テーマを決めるのですが、例えばある題材で一緒に教材研究をして授業を考えてみたり、保育のビデオを一緒に見て、どのような視点で子どもの姿を見たのか議論したり、とにかく互いの持つ視点の違いだけではなく共通項を見出しながら、「互いを知る」ことを重視し取り組んでいます。参加者からは、「これまでイメージでしかとらえていなかった相手の校種のことを具体例だけではなく、その背景にあるねらいや願いも合わせてうかがえて意図がよくわかった」など肯定的な感想を多く頂戴しています。このように相手の校種をリスペクトすることや、相手の校種が持つ困り感や難しさを知ることで寄り添いながら考えていく関係性ができるものと考えています。

(3) おわりに

　こうして、私自身や自園を振り返る機会をいただいたことにまずもって感謝いたします。私たち幼児教育の世界では、保育者が日々懸命に子ども理解をし、手立てを考え計画し、そして振り返るなど、日々主体的に探究的に仕事を進めています。この保育者の専門性の高さや、難しさがこれからの時代にさらに社会で認識されることを願ってやみません。そのような部分にさらに光が当たり、子どもも保育者も、そして保護者や地域の方も、子どもに関わる全ての方が幸せを感じ、暮らせる生活の中に園があるということをこれからも目指していきたいと考えています。

　また園の保育の変化を定期的に保育見学や園内研修という形でお支えいただいた鈴木先生からはたくさんの学びをいただくことができました。私自身も自園及び他園、養成校などで講師やファシリテーターをする機会がありますが、その際に参加者の対話が活性化することや、参加者自身が本当に解決したい、取り組みたいと思う問いに向き合える援助をすることについては難しさを感じる観点としてとらえています。しかし、鈴木先生が保育者に伝えられる一言で、「あーなるほど」、「あ、そう考えたらいいか」という、どこか行き止まりにでくわした保育者の前に、さっと新たな道や扉をさりげなく開いてくださる援助をしていただいている感覚があり、園内研修後には、保育者同士が伝え合えた、聞いてもらえたという満足感に満ちた表情をしているように感じています。ご示唆をいただくだけではなく、保育者ひとりひとりの目標のビジョン、良くなりたいという思い、課題意識、心の揺れなど、保育実践にとどまらない多岐にわたる視点から、勇気づけていただいたことも、園で新たな変革にチャレンジできた原動力となっていると考えています。

最後になりますが、激しい時代の変化、そして保育の変革をしようとする中でも、「よしがんばろう」、「やってみよう」と前向きな姿勢で日々努力を続けようとした自園の職員、そしてその変革を理解し、お支え下さった保護者や地域、研究者やそのほか関係者の皆様に感謝を伝えたいと思います。

参考文献

※1　秋田喜代美・佐川早季子（2011）　保育の質に関する縦断研究の展望　東京大学大学院教育学研究紀要第51巻217-234

※2　テルマ・ハームス／リチャード・M.クリフォード／デビィ・クレア（著）　埋橋玲子（訳）『新・保育環境評価スケール①』●3歳以上, 法律文化社, 2016年.

※3　一般財団法人全日本私立幼稚園幼児教育研究機構　https://youchien.com/eceq/

※4　小山優子, 2009,「保幼小連携実践の意義と課題」, 島根県立大学短期大学部松江キャンパス研究紀要, Vol,47, 9-16

※5　鈴木まゆみ, 2018,「幼保小連携の課題に関する一考察ー：私立幼稚園、認定こども園へのアンケート調査の分析からー, いわき短期大学研究紀要, 51号, 143-161

※6　山崎晃　若林紀乃　越中康治　小津草太郎　米神博子　松本信吾　林よし恵　三宅瑞穂　2006　教育課程編成のあり方（Ⅱ）ー幼小一貫教育課程編成を阻害する要因の検討-, 広島大学　学部・附属学校共同研究機構研究紀要　第34号　2006　189-196

※7　山下晋　野田美樹　丸山笑里佳　鳥居恵治　2015　小学校教員が就学までに身につけてほしいと考える生活習慣と生活スキル, 岡崎女子短期大学　研究紀要48巻　21-26

保育を変えてきた10年間で思うこと

幼稚園型認定こども園 高槻双葉幼稚園 **伊藤 奈央**
経験年数25年目、現在の役職は主幹教諭

「子どもたちが自分で考える保育」「子どものやりたい！ が実現できる保育」を目指して、保育を見直し始めて10年がたちました。取り組み始めた頃を思うと、本当に子どもたちの姿、保育者の考え方が変わったと実感しています。

この10年間で、大きく分けて「保育室環境の見直し」と「保育内容（子ども主体の保育）・カリキュラム・行事の取り組み方の見直し」という2つのことに取り組みました。

10年前、保育室環境の改善を図るべく、大阪府私立幼稚園連盟教育研究所企画の「保育の評価と質の向上～保育環境スケールを用いて～」という研究プロジェクトに参加させていただくところから改革が始まりました。

埋橋玲子先生ご指導のもと、毎月集まり、1年間保育環境評価スケールについて学びを深め、自園の保育室環境を見直していきました。

保育環境評価スケールとの出会いと、研究プロジェクトでの学びで、室内環境構成が大きく変化しました。コーナーで遊ぶ環境を作ったことで遊びが継続できるようになり、遊びが深まったり、広がったり、遊び方が変わりました。

各クラスで子どものしたい遊びが表現され、個性が感じられる環境構成ができるようになってきたと成果を感じています。

次に「子ども主体の保育」について考えていきました。

継続した遊びの時間を確保するには、必然的にカリキュラムの見直しが必要でした。一斉保

staff voice

育として取り組んでいた活動を見直し、ひとつひとつの活動のねらいを明確にし、取り組み方を考えていきました。

ここでも、「子どもの主体性・協同性を育む〜プロジェクト型保育を通して〜」という研究プロジェクトに参加させていただき、鈴木正敏先生ご指導のもと、2年間子どもたちが主体となって進める保育について学び、自園でできることに取り組みました。保育者が主導するのではなく、子どもと話していっしょに考え、子どもたちが答えを出すまで待つことを大切にしました。

具体的には、運動会のリレーの走順を子どもたちといっしょに考える、という取り組みから始めました。この取り組みをきっかけに、徐々に色々なことを子どもたちといっしょに考えていくようになり、今ではほぼすべての遊びや活動を子どもたちが考えて自分たちで話して進めていくまでに変化しました。

今の子どもたちの姿を見て強く感じていることは、「子どもたちの育つ機会を見逃してしまっていたかもしれない」ということです。

子どもたちの発想力、想像力、思考力、探究心は、自分たちの「やってみたい！」という意欲の中で大きく成長するのだということを実感しています。

保育室環境と保育内容を見直し、園内研修を通して職員間での子どもの見取りを共有し、はじめは難しく感じることもありましたが、振り返りを重ね、保育者も楽しむことができるようになってきたと感じています。すべての活動を、「例年通り」ではなく、常に子どもにとって何が大切かを考え、次の活動に繋げるように考えることができるようになったことが私たちの最も大きな変化であったとともに、これからも大切にしていきたいと思うことです。

やってみよう！が あふれだす

～子どもも保育者も
　主体性の高い保育を目指して～

実践事例 3

幼稚園型認定こども園 いぶき幼稚園 園長
阿部 能光

第1章 改革前のいぶき幼稚園のようす

（1）ニュータウンと昔ながらの一斉保育

　本園は平成5年に、神戸市西区の西神南ニュータウンが町開きをするのにあわせて開園しました。その年は、くしくも姉妹園である鈴蘭台幼稚園（神戸市北区）の創立60周年でした。

　開園当初は定員350名でしたが、ニュータウン開発の進み具合にともなって園児数が増えたり減ったりしながら、平成19年のピーク時には園児数が520名に達しました。ニュータウン開発が終盤を迎えるとともに園児数はゆるやかに減少し始め、令和元年までは460名程度で推移していました。

　ですが、そこからは急速な少子化進行と共働き家庭の増加により、たった6年で園児が200名ほど減り、令和7年には園児数が250名程度まで急減しています。いまも園児数の下げ止まりは見えていません。

　また、開園当初より兵庫県独自の朝7時から夜7時までの預かり保育事業を実施し、平成13年からは1・2歳児保育を加え、さらに平成16年からは学童保育も加わっていました（学童保育はコロナ禍の令和2年度末にて閉所）。

　開園から令和元年頃までは、ニュータウンの人口増に対して神戸市による施設整備が追いつかず、地域の乳幼児と小学生の保育施設が不足していました。そして、そのニーズの大部分を本園が一手に引き受けて支えているという実態がありました。そのため、平成23年には兵庫県から特例として認定を受け、全国初の「定員オーバー

しているマンモス幼稚園が認定こども園になる事例」となりました。また神戸市西区初の認定こども園として、幼稚園型認定こども園になりました。

　保育に関しては、姉妹園である鈴蘭台幼稚園より建学の理念「強い心、丈夫な身体、優しい気持ち」を受け継いでいたものの、私が園長になるまでは明確な教育方針などが特に定まっていませんでした。また、特徴的な教育目標（理想の子ども像等）もありませんでした。

　ですが、なんとなく「先生の言う通りに素直に動ける子」が理想とされており、漠然と「より早く、より上手に、何かをできるようになることが良い」という成果主義的な評価観も漂っていました。この漠然とした理想と評価観に基づいていたのか、保育内容は一斉活動が中心で、子どもたちにたくさんの行事やイベントを体験させたり、何かの発表に向けて反復練習をさせたりすることが重要だとされていました。加えて、「全ての園児へ平等に機会を与えるため、全員に同じタイミングで、同じことを体験させ、同じ結果を目指す」という、画一性や均等性に重点をおいた指導法や配慮事項が浸透していました。

緊張した面持ちの３歳児の合奏風景

集団演技に力の入った運動会

ですから、例えば「焼き芋パーティー」という食育の行事では、「園児全員が平等に、同じ日に、同じタイミングで、同じ量の芋を食べる」という体験と機会の均等性が重視され、その実現のために職員が心血を注いで大量の焼き芋を作っていました。同様に生活発表会の劇では、子どもたちひとりひとりの思いや表現云々以前に「全員に同じ登場回数があり、同じぐらいのセリフの量で、同じ程度の目立ち具合いになること」が前提条件とされたため、保育者が脚本や演出を管理する必要があり、それを子どもたちに「おろす」という指導方法がとられていました。

　そうしてひとつひとつの行事が大がかりになり、しかしそれらが多くの保護者から支持を受けるようになり、これらを成功させることが保育者と保護者に大きな達成感や満足感をもたらすようになっていきました。ですが実は、このような行事や保育方法の在り方は、当時の神戸市内や兵庫県下の私立園ではよく見受けられたものであり、決して本園だけが特別だったということはありませんでした。

(2) 私と自園の関わり1…アルバイト時代の衝撃だった出来事

　私自身は、自宅の目の前が鈴蘭台幼稚園だったこともあり、幼少期より運動会などさまざまな行事の際に荷物運びを手伝うなど、「実家の稼業」としての私立幼稚園に慣れ親しんでいました。そのため、いずれは自分が後継者になると思っており、大学では初等教育学科へ進学し、まずは小学校教諭の免許を取得しました。その後、大学院の修士課程へ進学し、幼稚園教諭と小学校教諭の専修免許も取得しました。

　大学院に入学すると同時にいぶき幼稚園でアルバイトを始めたのが、自園との最初の関わりでした。当時、パートの保育補助や特別

やってみよう！があふれだす 〜子どもも保育者も主体性の高い保育を目指して〜

支援加配などが配置されている園はまだ珍しく、男性保育者も少ない状況でした。そんな時代ですから、教職員が私を「どう扱ったらいいのかよくわからない」と戸惑っていたようすを覚えています。

　その頃の自園ではクラス担任の保育者が1人で30名強の幼児を相手にし、子どもの意識をグッと引きつけて一斉活動に導いており、その様は圧巻でした。既に小学校教諭の免許を取得していたとはいえ、私にとってはほとんど未知の保育技術であり、すぐにまねできるようなものではありませんでした。私は保育者が苦手なパソコンを使った仕事などを引き受け、保育補助・事務・雑務など、なんでもこなすお手伝い役として園に関わり始めました。そうしながら無邪気に教職員の中へ溶け込もうとしましたが、「跡取りさん」として丁重に扱われることがあるなどして、周囲からちょっと浮いた存在になっていました。

　アルバイトを始めて2年目の1学期、5歳児（年長組）の担任をしていた新任保育者が適応障害で休職することになりました。私はまだアルバイトでしたが、教員免許の保持者だからという理由で、急場のしのぎ役として担任代行になりそのクラスへ入ることを命じられました。ですがその際、複数の保護者から猛反対の声があがりました。きっと、教育熱心かつ均等性を重視する保護者にとって、男性が担任代行をするという「我が子がほかのクラスとは違う状況に置かれること」が、とても不安で受け入れられない事態だったのでしょう。

　朝、私がそのクラスで登園の受け入れを始めると、たちまち15人ほどの保護者に取り囲まれました。そして、「なんであなたがうちの子の担任をするのよ！　ほかの先生と代わりなさいよ！」などと、保育室の前で2時間強にわたり、私個人への非難の声を浴びせ続け

実践事例3

127

られました。当時の園長は鈴蘭台幼稚園と2園の園長職を兼任しており、この時は不在でした。そして、園内の誰もがこのようすを見て見ぬふりをし、誰一人として私の援助や事態の収拾に駆けつけてはくれませんでした…。

　さらに、この出来事に対し、教職員から「自業自得よ。保護者に認められていないあなたが悪いの。私たちはあのときもちゃんと自分の仕事をしていただけだから、何も悪くないわ」という言葉や反応があり、「え？　ボクが悪いんですか？」と少なからずショックを受けました。また、保護者への恐怖感だけでなく、教職員への不信感も芽生えました。

(3) 私と自園との関わり2…いきなり副園長になって

　その後、大学院を卒業した私は、「他人の飯を食う」ために立花愛の園幼稚園（尼崎市）へ入職し、5歳児（年長組）の担任を拝命しました。教育実習でもお世話になっていた園ですが、新任の私はたくさんのヘマをやらかし、濱名浩園長先生や先輩方にご迷惑をおかけし、本当にお世話になりました。

　しかし、3年計画で修行させていただくはずだったところが、自園で実質的な園長代理を務めていた主任が退職することとなり、急遽1年だけで自園へ戻ることになりました。そして、いきなり副園長へ就任することになったのです。

　もちろん、退職した主任の穴埋めを期待されての配属でした。ですが、経験年数2年目で実力も経験も足りていないのに、いきなりのトップリーダー層への就任です。しかも、前任者からの引き継ぎは一切なく、上司である園長からも指示やフォローはありません。何をしたらいいのかるくにわからないのに、誰も何も教えてくれな

い。当然、主任の代わりなんて務まりません。そんな状態の私に対し、「副園長なのに主任の代わりが務まらないなんて、努力不足だわ…」という教職員からの声が聞こえてきました。

　アルバイト時代の出来事と相まって、我が身をもって、自園の中には「保育者としての成長は本人の努力次第」と考え、個々の保育者が個人の保育スキルと責任感だけで、バラバラにそれぞれの仕事をこなしている文化があることを知りました。反面、「育てる・育てられる」「保育者同士が協働する」「助け合い、学び合う」という文化や仕事の在り方が根づいていないことも痛感したのでした。

(4) 画一性や均等性がゆらぐときの到来

　副園長になって2年目のことです。井吹台に北町が新たにオープンしました。しかし、神戸市による保育施設の整備が追いつかず、保育所への入所希望者までもが次々と自園へ入園し、前年まで320名だった園児が突然520名になりました。急激な人口流入によって町も園も落ち着かなくなり、突然大規模化した園は、以前と同じように画一性や均等性に重点をおいた指導と配慮を行うことが物理的に難しくなりました。これらの混乱にともない、保護者からのクレームやトラブルが急増し、教職員への負担も増しました。

　しかしこの難事に面し、園長を含む教職員内の考え方は前述の通りでしたから、うまくいかないことに対して「助け合い」ではなく「責任のなすりつけ合い」が起こるようになりました。当然、教職員間の関係性は悪化しました。すると、若手を中心に燃え尽き症候群が多発するようになり、年度途中の休職者や退職者も増え、毎年6〜7名の常勤者（全体の3分の1程度）が入れ替わるようになってしまいました。

この混迷する状況への打開策について、園長は責任者として一人で悩み、「子ども・保護者・保育者の求心力を高めるために、新たな目玉保育を立ちあげよう！」ということを思いつきました。要は、「ゆるんだネジは強く締め直せば良い」と考えたわけです。こうして、新たな目玉保育として、「5歳児（年長組）6クラス210名が、1月に外部の音楽発表会のイベントで、小学生顔負けの立派な斉唱・合奏を披露できるようになること」が掲げられました。そして、既にたくさんの行事等で予定がいっぱいだった指導計画に、さらに毎月1回の外部講師を招いた音楽指導が加わることとなりました。
　この時は、園長の言う通りにゆるんだネジを強く締め直せば安定が戻ってくるのだと、誰もが信じて突き進んで行こうとしたのでした…。

第2章 改革初期の大混乱

(1)「保育と仲間づくり研究会」との出会い

　園児が急増して自園が混迷し始めたのと時を同じくし、私は新任の時にお世話になった濱名浩先生（立花愛の園幼稚園）にご紹介いただき、「保育と仲間づくり研究会」（以下、仲間研[※1]）へ入会しました。
　自園では保護者からのクレームやトラブルの対応に追われ、教職員には受け入れてもらえず、自分を助けてくれたり教えてくれたりする人が園内にいない。そんな状況におかれていた私は、毎月の仲間研の定例研究会の後、食事をしながら先輩方に自分と自園の悩み

を相談するようになりました。そこで自分の話を聞いてもらったり助言をいただいたりしたことで、随分と気持ちが楽になりました。

　また、仲間研の先輩方は、幼稚園教育要領をふまえた「子ども主体の幼児教育・保育」を標榜し、日々の保育の質を高めるため、会員同士で本音をぶつけ合いながら研修研鑽を積まれていました。先輩方の園を見学させていただいたり公開保育に参加させていただいたりすることにより、多様な方向性の教育方針・環境構成・保育内容等に触れる機会が得られるようになりました。

(2) さらなる混乱を招く私の言動と初めての公開保育

　このような仲間研での学びは、私に「いま自園が進もうとしている保育の方向性は、本当にこれでいいのか？」と考えるきっかけを与えてくれました。一度考え始めると、いろいろなことが気になり始めました。そして、音楽指導の導入をきっかけにますます成果主義的な様相を強めていく自園の中で、私一人だけが正反対のことを発言するようになりました。今でこそわかりますが、当時の私の言動は園内にさらなる混乱を招いてしまいました。

　そんなときですが、仲間研には、研究会の会員になる条件に「必ず公開保育をすること」があり、加えて、最初の公開保育は入会から２年程度をめどとされています。これを受け、初めての公開保育を行うこととなりました。

　仲間研の公開保育では、「できる限り日常の姿を公開し、講師にも来てもらい、参加者とともに保育について議論すること」が重視されています。公開園は講師や参加者からの意見をもとに保育の質向上を図り、参加者は他園の保育を通して自園の良い点や改善点に気づき、自身の保育実践の改善へつなげていきます。余談ですが、これが

後の「公開保育を活用した幼児教育の質向上システム（ECEQ®）※2」の原型となっています。

　しかし、初めての公開保育に緊張して身構えた園長と教職員は、普段は一斉活動が中心なのに、公開保育当日だけは特別に自由遊びの時間を長くしました。仲間研の会員や参加者から、なるべく否定的な意見を言われないように取り繕おうとしたのです。ですが、当然それは見抜かれ、参加者からさまざまな指摘や助言を受けることになりました。

　当初、園長を含む教職員は公開保育の結果に落ち込みました。そして、いただいた指摘や助言をどう受け止め、今後へどう生かしていけば良いのかもわかりませんでした。しかしすぐに園長は、「仲間研の人の言うように保育を変えて、園児が減ったらどうするの？」などと話題をそらし、開き直りました。教職員は「私たちは上の言うことを聞いて、その指示に従ってきただけ。だから一切悪くないし責任もない。悪いのは全て園長と副園長なのよ」などと責任回避や責任転嫁の発言を繰り返し、やはり開き直りました。

　私は公開保育をきっかけに自園の保育の改革・改善に乗り出そうと考えていたのですが、このような園長と教職員の反応でしたから、うまくいくはずがありません。それでも強引に改革を進めようとし、一人で園庭に樹木を植えたりしながら、保育環境改善のアクションを起こしました。しかし、誰もついてきてくれません。業を煮やした私は、これまでの自園の保育を否定するような言動をしてしまいました。これが教職員の反感を買い、関係性はますます悪化しました。私が園長や教職員と同じ方向へ進むことができなかった結果として、この年度末には当時の常勤教職員の半数かつ中堅層以上の11名が、一斉に退職することになりました…。

やってみよう！があふれだす ～子どもも保育者も主体性の高い保育を目指して～

※1　保育と仲間づくり研究会
　　　平成3年より、大阪府・京都府・兵庫県などの私立幼稚園・認定こども園・保育園の園長や保育者養成校の教員・研究者らが集い、研修や公開保育を通して幼児教育・保育への学びを深めている私的な研究グループ。現在は約50名が活動中。
※2　公開保育を活用した幼児教育の質向上システム（ECEQ®）
　　　"Early Childhood Education Quality System" の頭文字を取って、通称イーセックと呼ばれる。（一財）全日本私立幼稚園幼児教育研究機構の取り組み。詳細はHPへ。https://youchien.com/eceq/

第3章 公開保育のたびにチームとして成長していく

（1）初任者だらけのチームとのリスタート

　私が自園の保育の方向性に異議をとなえ、教職員との関係性も悪化したため、大量の退職者が出てしまいました。しかし、悪いことばかりではありませんでした。柔軟な新任保育者の入職と成長により、保育の改革・改善が進めやすくなったのです。

　まず、教職員間の関係性を改善するために、チーム・ビルディング研修へ取り組みました。しかし、私自身でそれを実践する知識や技術がまだ足りていなかったので、外部講師として松木正先生（マザーアース・エデュケーション主宰）、茶原忠督先生（有限会社ソウルメイト代表取締役）、秦賢志先生（はまようちえん理事長）をお招きし、若返った教職員と一緒に受講しました。さまざまなアクティビティやワークの体験学習を通して、保育の質は教職員間の同僚性の高さによって支えられていることの共通認識を持ちました。

　次に、「目指したい保育の方向性」を共有するため、教職員と一緒

に他園へ見学に出かけました。まだ自分自身の言葉で目指したい保育の方向性を語る術を持ち合わせていなかったため、仲間研の先輩方の園を見学させていただいたり、公開保育へ一緒に参加したりしました。そこで「こんな風になりたいよね」と具体的なイメージを教職員と共有しながら、「なぜ、何をどう大事にするのか」とその語り方も学んでいきました。

　そして、外部の方からご意見をいただきながら自園の現在地を確かめたり保育実践の質を高めたりするため、数年おきに公開保育へ取り組むようになりました。初めての公開保育の苦い思い出が気にならなかったわけではありません。ですが、それでもまた公開保育をやろうと考えたのは、故・小田豊先生[※3]が「保育と仲間づくり研究会」と名付けた、その趣旨に共感を覚えていたからです。

　「ヒトはヒトの中で生まれ、育ち、生きていく。子どもが一人だけでは成長できないように、保育者も園長も一人だけで成長することは難しい。仲間と共に成長し合うものだ。子ども目線に合わせ、子ども理解に基づいた保育を実践していくために、私たちには仲間との学び合いが必要なのだ」このような小田豊先生の言葉と仲間研の趣旨に背中を押され、今も公開保育を続けています。

　次項では、初めての公開保育以降、これまでに行なってきた公開保育とその時々の学びをご紹介します。

※3　小田豊先生（1942年〜2021年）
　　　保育と仲間づくり研究会の初代アドバイザー。元（独）国立特別支援教育総合研究所理事長、元聖徳大学教授。文部科学省初等中等教育局主任視学官、国立教育政策研究所次長などを歴任。

（2）これまでの公開保育とその時々の学び

①副園長6年目　（一社）兵庫県私立幼稚園協会の新任教員研修としての公開保育

　鈴木正敏先生（兵庫教育大学大学院　当時は准教授）が初めて来園された機会です。兵私幼の新任研の参加者が、経験年数1〜2年目中心の本園の保育を見て「良いところ探し」をするという主題でした。良いところ探しを受け、不安な1〜2年目のクラス担任は自信を得られました。また、若い保育者の成長には、上から目線で粗探しをして指摘されるよりも、良いところ探しを通して「自分の保育の何が良かったのか。なぜ良かったのか」などを整理してもらい、自身の成長を自覚したり再現性を高めたりすることが効果的であることを知りました。

②副園長8年目　近畿地区私立幼稚園教員研修大会兵庫大会にて「第三者評価としての公開保育」のテストケースとなる公開保育研修

　後にECEQ®となる、（一財）全日本私立幼稚園幼児教育研究機構が文部科学省の研究委託事業として実施したテストケースの公開保育でした。公開保育当日だけでなく事前と事後にも園内研修が加わり、外部からコーディネーターという支援者も入る、新たな形の公開保育と研修の在り方でした。コーディネーターは安達譲先生（せんりひじり幼稚園）と秦賢志先生（はまようちえん）でした。一連の研修過程を通じ、園として「子ども主体の保育を目指す」という方向性が共有され、教職員ひとりひとりの得意不得意などの相互理解も進みました。また、私自身にとっては園内研修の重要性や教職員を信じて仕事を任せることの大切さに気づく機会となりました。

③園長3年目　(公社)神戸市私立幼稚園連盟　新任教員研修としての公開保育

　私が園長に就任してから、初めてとなる公開保育でした。ECEQ®の手法をまねて、新任研参加者が気づいた本園の「良いところ、まねしたいところ等」や「疑問、質問等」を付せんに書いてもらうようにしました。すると、粗探しをしたり自分の園との違いを挙げたりして、悪口みたいな意見を書くことしかできない参加者がいました。気になったので個人的にお話を聞いてみたところ、4月に就職して以来、園で先輩方からそのような視点と種類の言葉ばかりをかけられているとのことで、それ以外にどんな視点や言葉で保育を語ればいいのかわからないということでした。そして「仕事がつらい」とこぼし、残念ながらその年度の途中にはもう退職していました…。私たちにとって、保育業界内のOJTおよび人財育成の課題点をあらためて認識する機会となりました。

④園長4年目　仲間研で2回目の公開保育をECEQ®として実施

　子ども子育て支援新制度移行時のソフトランディングに注力し、約3年にわたって保育の大きな改革は見送り続けていた時期でした。その結果、現状の熟成期間となり、教職員には安定と自信がもたらされていました。そこへ外部から新たな知見と刺激が入ってきたことにより、保育の改革・改善に向けた意欲の再起動する機会となりました。

　そして、公開保育後の同年11月、教職員から「もう、いまの音楽会のやり方と音楽講師はやめましょう！」という、大きな改革を望む声があがりました。そこから、これまでの音楽会と音楽講師に代わり、新たに文化祭「いぶきわくわくフェスタ」を創設しようという

ことになりました。また、そのために教育課程や年間指導計画を見直し、主にミドル層以上のリーダーたちと話し合いを重ねていくことになりました。

この公開保育の際に、安達譲先生から「誰か大学の先生に、定期的に園内研修へ入ってもらった方がいいよ。新しい知見や情報をもたらしてもらうのはもちろん、自分たちの今までやってきたこと、これからやりたいことの整理をするお手伝いをしてもらうといいよ」という助言をいただきました。このとき、すぐに私の頭に思い浮かんだのが、2回目の公開保育でお世話になった鈴木正敏先生でした。この助言とフェスタ創設の動きがあり、3学期から鈴木先生を園内研修へお招きするようになりました。

⑤園長8年目　全国幼児教育研究大会兵庫大会　コロナ禍の公開保育誌上発表

コロナ禍のため大会自体が延期となり、翌年も現地での公開保育は実施しないことになりました。そのため、直近の自園の取り組み等を誌上発表する形になりました。子どもの主体性を大切にする保育の取り組みだけでなく、保育者の主体性を大切にする園内研修等の取り組みについても発表で触れることができました。公開保育園が保育者の人財育成やチームづくりなどに言及したのは、同大会で史上初の出来事でした。

⑥園長9年目　仲間研で3回目の公開保育

ECEQ®コーディネーターとしての経験を積んだ私が主導し、鈴木先生からの助言は受けつつも、外部のコーディネーターからの支援は受けずに、「自分たちで自分たちの学びたいことを学ぶための公

開保育にしよう」と試みました。事前研修は経験年層別に分かれ、それぞれの立場や目線からの課題意識を出し合いやすいように仕掛け、園内に存在している課題とテーマを抽出しました。これに基づき、公開保育当日の分科会はテーマ別で設定しました。学年別の分科会とはまた異なり、保育者の成長段階やポジションに応じ、ひとりひとりにスポットライトの当たる機会となりました。参加者との意見交換を通して、直接的に保育実践や技術に関わる知見だけでなく、保育を支えるチームの在り方や人財育成などについても学ぶことができました。

⑦園長９年目　ソニー教育財団　受賞園としての公開保育研修

　同一年度内に公開保育を２回行う、初めての経験でした。前年度、ソニー幼児教育支援プログラム「科学する心を育てる」に応募し、優秀園審査委員特別賞を受賞していました。そのため、受賞園の実践提案研究会として、公開保育と実践発表をセットにして開催されました。記念講演を大豆生田啓友先生（玉川大学）に行なっていただき、全国各地から現地参加・オンライン参加をしていただきました。これから「こどもまんなか社会」を実現していくにあたり、私たち保育者が現場でどのような保育を目指し、質の向上をすべきなのか考える機会となりました。

(3) やってよかった公開保育

　これまでに行なった８回の公開保育のそれぞれに、その時々の本園の課題に応じた学びがありました。ECEQ®には「やってよかったECEQ®」という合言葉があります。まさにその通りで、毎回「やってよかった」と感じています。

他人に自分の保育を見られるのは、緊張したり怖かったりする面もあります。ですが、勇気を持って自己開示できれば、必ず誰かが助けの手を差し伸べてくれます。心理学者のジョセフ・ルフトとハリ・インガムが考案した有名な「ジョハリの窓」のように、自己開示することで外部からフィードバックを得られて成長できる構造は、保育者個人でも園というチームでも同じなのです。

　公開保育の事前研修を通して、教職員はそのときの自分の保育について振り返り、同僚と話し合い、自園の良さや課題点を共通理解します。そのベースがあるからこそ、公開保育当日は他園から来た参加者との話し合いに、自分の言葉でのぞめます。自分の言葉で語り合ったからこそ、参加者からいただいたご意見を自分事として受け止め、事後研修を経て自分の保育実践の改善へ生かそうとするアクションにつながっていきます。公開保育を通じて最も良かったと思うことは、このように教職員自身が主体的に保育実践の質を高めるためのアクションを起こす機会を参加者からいただけたところです。

第4章 鈴木正敏先生との園内研修がもたらした学びと積み重ね

(1) 積み重ねができる園内研修は、2〜3ヶ月に1回のペースで

　前述の通り、2回目の仲間研の公開保育をきっかけに、鈴木正敏先生を園内研修へお招きするようになりました。初めに私から鈴木先生へご依頼をしたところ、「2〜3ヶ月に1回のペースで、年間5回やりましょう。」とご提案いただきました。それまでの園内研修は、

学期末に1回ずつ年3回のペースで私が講師役でしたから、「え？ そんなにたくさんやるんだ。時間を作れるかなぁ…」と少し驚いたことを覚えています。

　しかし後に、このペースで園内研修を行うからこそ、保育者の中で保育実践と学びの往還が生まれ、積み重ねができるようになっていくのだと実感できました。これ以上の間隔があいてしまうと記憶が続きにくくなりますし、一度に振り返ったりまとめたりする量も多くなってしまい、積み重ねをするのが難しくなってしまうのです。

(2) まずは頭の中の整理から

　2月から、鈴木先生の園内研修がスタートしました。「いぶきわくわくフェスタ」を創設しようと、既に園内で話し合いを重ねていた時期でした。ですが、園内には前例がなく、具体的な保育方法や子どもの姿のイメージがなかなか湧かず、五里霧中な感覚のままでした。鈴木先生には、以下のことから始めていただきました。

> ①保育実践の振り返りをする際に出てきた意見への意味づけ（価値づけ）
>
> ②次の保育実践や行事に向けた方向性を定める際の助言（羅針盤が正常に機能しているかどうかのチェックとアドバイス）
>
> ③新たな方向性を保育実践へ結びつける援助として、「次はこういうことをやってみよう！」という具体的なイメージが持てるよう、他園の事例を紹介してもらい参考にする（はじめの一歩を踏み出すサポート）

　研修を始めた頃は、「保育者がなんとなく良かったと思ったこと」

について、それが子どもたちにとっては具体的にどう良かったのか鈴木先生に解説していただきました。そうすることで、「これからも大切にしていきたいポイント」を押さえることができました。鈴木先生からこのような援助を受けることにより、「なぜ、いま私たちはこのような保育をしているのか」「その保育の中でこれからも大切にしたいことは何なのか」「大切にしたいことを実現できる保育方法として考えられるのはどんなことか」というように考えを進めていきました。「子どもの主体性」や「子ども理解」といったことを考える前に、まずは自分たちの頭の中の整理が必要な状態でした。

(3) 園内研修を通して、徐々に価値観や行動が変容していく

　鈴木先生が来られるようになって3回目の園内研修にて。5歳児のあるクラスが夏野菜に何を植えようかと話し合った際のエピソードが取り上げられました。

　子どもたちから「スイカを植えたい」という意見が出ました。それを担任が園長である私へ相談し、そのときに私が「スイカかぁ、受粉が難しいけどなぁ…。別の物の方がええんちゃうかなぁ」と発言しました。担任は「園長先生がスイカは難しいって言ってたよ」と子どもたちへ伝えました。これを受け、子どもたちは「じゃあスイカはやめようか…」となり、違う野菜を植えることになったのです。

　このエピソードを聞いた鈴木先生から、「どうして、スイカを植えさせてあげなかったの？」という問いかけがありました。そして、「スイカを植えて、もしもうまく実ができなかったら、そこから『なんで実ができなかったんだろう？　どうしたら良かったんだろう？』って、子どもたちには新たな学びの機会が生まれていたかもしれないよ」というお話をしていただきました。

実践事例3

141

このときに、「自分たちが子どもたちのために良かれと思って何気なくやっていたことが、実は失敗しないよう『転ばぬ先の杖』を与えることになり、学びの芽を摘み取ることにつながっていた。子どもにとっても保育者にとっても、失敗やうまくいかないことこそが成長や学びの機会につながるんだ」ということに気づき、雷に打たれたような衝撃を覚えました。まさにパラダイムシフトの起こった瞬間でした。これをきっかけに、教職員が失敗を恐れなくなって実行力が向上し、保育の改革・改善が飛躍的に進んでいく事となりました。

　鈴木先生に園内研修を始めていただいた当初は、自分たちの目の前にある困り事へ対処療法的に解決方法を授けてもらいたい保育者が多かったです。それは、失敗を恐れ、正解を授けてもらおうと指導を仰ぐ、まだまだ受け身な姿勢の現れだったように思います。しかし、鈴木先生は「求められれば助言やヒントは出すけれど、あくまでも決めたり実行したりするのは、あなたたち自身だよ」と、教職員自身の主体性を引き出すかかわり方で接し続けられました。その鈴木先生の姿がモデルとなり、子どもと保育者の間のかかわり方だけでなく、教職員間の「人と人とのかかわり方」にも変化が生まれていきました。

(4) 保育者の「語る力」は、保育者同士だけでなく保護者への発信にも生かす

　鈴木先生からの援助を生かし、いよいよ初めての文化祭「いぶきわくわくフェスタ」を開催することになりました。前例のない新行事の誕生に際し、教職員は「これでいいのかな？」と当日まで手探りの状態でした。ですが、お店屋さん・パビリオン・ダンス・歌など、

やってみよう！があふれだす ～子どもも保育者も主体性の高い保育を目指して～

　子どもたちの思いが色とりどりの新しい形で表現され、子どもと保育者にとって非常に満足感の高い３日間となりました。また、来場した保護者へのアンケートからも、８割の方からは「子どもたちが心の底から楽しんでいて、おもしろかった」などとご好評をいただきました。しかし一方で、２割の方からは「以前のような音楽会を観たかったのに…」と不評でした。

　教職員は、初めてのフェスタに向けて産みの苦しみを味わい、だからこそ得られた手ごたえを感じ取っていました。そこに一部の保護者からの不評な意見が届いたため、「あなたの子どものためにこんな良いことをやってるのに！　何でわかってくれへんの?!」という悔しさを覚えました。

　そんな教職員を応援するために、また保護者からの理解を得るために、フェスタ後の保護者アンケートで投げかけられたさまざまな意見に対し、私はＡ４用紙９ページにおよぶ一問一答の回答を発信しました。そこで主に保護者へ発信したのは、「いま幼児期の子どもたちの成長に必要なのは、（目に見えやすい成果よりも）目に見えにくい心の育ちであり、その主体性が伸びるようすに注目し、応援してあげて欲しい」ということでした。

　そして同時に、「園長から園全体へたまに大きく発信するだけでなく、保護者と一番近い関係にあるクラス担任が日頃から細かく発信することも必要なんだ」と、教職員へ説きました。送迎の際の保護者との日常的な会話や毎月のクラス便りなど、あらゆる機会に、保育者自身が園の方針や園長の発信とブレない発言や情報発信をこまめに行うことが大切で、それでなくては響かない保護者もいるのだと。保護者の理解を得るためには、保育者自身の「語る力」が必要なのだと言いました。

実践事例3

こちらの言うことをなかなかわかってくれない保護者のことを、保育者がまるで敵のように捉え、理屈で説き伏せることを考える。そうではなく、「保育者と保護者が子どもの成長を共に喜び合う仲間となるために、保育者は保護者へ何をどう見せ、どう伝えるのか」ということを考えるように促したのです。これは、鈴木先生との園内研修を通して保育者同士の「語る力」が伸びていたからこそ、そして私と教職員が同じ保育の方向へ向いている確信を持つことが出来ていたからこそ、保育者の「語る力」を信じて、このような言動へ至ることが出来たのでした。

第5章 ミドルリーダー育成の必要性

（1）伸び悩む脱初任期の保育者たち

　話は少し巻き戻り、町も園も混乱し、教職員の早期退職ならびに大量退職が続いていた頃のことです。私は、教職員の定着率を高めるため、独自に新任保育者の育成について考え、取り組み始めました。新任や若手保育者を「努力不足」とお荷物扱いするのではなく、その成長をサポートしようと試みたのです。例えば、先輩から言われるがままに、意味もわからずひたすら動き回るのではなく、私から「なぜこうするのか」という理由を聞き、少しずつ自分自身でも考えて動けるようになる。あるいは先述のように良いところ探しを通して、「あなたの保育の何が良かったのか。なぜ良かったのか」などを整理してあげ、自身の成長を自覚したり再現性を高めたりする。

数年かけ、このような取り組みが一定の功を奏すようになり、初任期（3年目ぐらいまで）の定着率が飛躍的に改善しました。しかし、私が初任期をいくら手厚くケアしても、その先の5～7年目ぐらいで伸び悩む保育者が多く、やはりそこで辞めてしまう人が後を絶ちませんでした。結局、「全体の平均勤続年数は3年程度」というところから、なかなか脱しきれませんでした。

　また、経験年数を5年以上重ねて学年リーダー等の立場になった保育者でも、学年チームのリーダーとして自分がどう振る舞えばいいのか悩んだり、リーダーとしての職務遂行能力が未熟であったりし、次のステージで新たな壁にぶつかっている姿が見られました。

(2)「ミドル層にも成長への支援が必要」という気づき

　初任者を脱した保育者の育成について悩んでいたタイミングで、（公財）神戸市私立幼稚園連盟にて、私がミドル層の保育者を対象とした年間9回シリーズの「グループ研究」という研修で講師役を務めるようになりました。そこで、他園のミドル層にも自園と同じ悩みを抱えている人がたくさんいることを知りました。これをきっかけに、「経験さえ積めば、放っておいてもミドルリーダーが勝手に育つわけではない。その新たなステージでも力を発揮できるよう、それに見合った支援が必要なのだ。」と考えるようになりました。

　私はミドルリーダー育成の必要性を感じていましたが、まだどうしたら良いのかハッキリとわかってはいませんでした。そこで、自園の2名のミドル層の見聞を広げるため、試しに幼児教育実践学会へ連れて行ってみました。実践学会の場で他園のミドル層の先生方と交流する機会を得た2人は、その後に園見学にも行かせてもらいました。ミドル層同士の交流によって刺激を受けた2人は、徐々に

ミドルリーダーとしての自覚と成長をはじめ、言動が変容してきました。そうして、年度の後半からこの２人が「先生を育てる先生（後輩を育てる先輩）」として、チームの中で機能し始めたのです。すると、この２人の成長に呼応するかのように、園全体も活気づいていきました。ちなみに、同年11月、この２人の発言がきっかけとなり、フェスタ創設の動きが生まれていったのでした。

(3) ミドル層の成長を支援する方法を探る

　翌年、私の提言から、神戸市私立幼稚園連盟にて正式にミドルリーダー研修がスタートしました。年間９回シリーズの研修中にワークを重ね、研修参加者がどのような課題意識を持っているのか意見を出し合ってもらい、ニーズを把握しました。また、そのニーズにどのように応えていくのが良いのか手探りで考えながら、研修を組み立てていきました。

　同年度、仲間研にてミドルリーダープロジェクトチームを立ち上げ、安達譲先生・平林祥先生（ひかり幼稚園）に監修と助言をしていただきながら、椋田善之先生（関西国際大学）・船瀬紗代子先生（西須磨幼稚園）と共に、「月刊保育とカリキュラム」（ひかりのくに・刊）へミドルリーダーの特集記事を執筆しました。この原稿を作成する過程で秋田喜代美先生らの著書[※4]に触れ、ミドルリーダーの役割等について多くのことを学ぶことができました。

　このときの学びでわかったのは、ミドルリーダーとは、園内のさまざまなヒト・モノ・コトをつなぎ、チームとして機能するための「つなぎ」の役割を果たしてくれる人を指すということです。例えば、園長・副園長といったトップリーダー層と保育現場のクラス担任をつなぎ、みんなの考えや思いを聞き取り、橋渡ししたり翻訳し

たり仲介したりする「パイプ役」といったところでしょうか。
　私が園外で数年かけてミドルリーダーについて学んできたことは、常に自園のミドル層にも伝え続けました。また前述の２名の活躍が園内でモデルになってくれました。さらに、「神私幼」のミドルリーダー研修にも、自園のミドル層を毎年数名ずつ参加させました。これらのことが徐々に結実し、園内のミドル層全体に、ミドルリーダーとしての自覚と成長が見られ始めるようになりました。

■コミュニケーション・ギャップの解消とは？

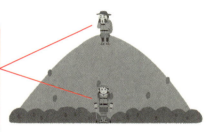

山の頂にいる人 と 山の麓にいる人
２人に見えている景色は同じでしょうか？
見えているものが違うなら、話がかみ合わないこともあるのでは？？
そこを仲介（通訳）するパイプ役もミドルリーダーの大切な機能のひとつなのです。

※４　著：イラム・シラージ、エレーヌ・ハレット、監訳・解説：秋田喜代美　訳：鈴木正敏、淀川裕美、佐川早季子、『育み支え合う保育リーダーシップ ―協働的な学びを生み出すために―』(2017) 明石書店

(4) 法人内ミドルリーダー研修へ取り組む

　コロナ禍の影響により、「神私幼」のミドルリーダー研修が中止になりました。しかし、この流れを途絶えさせてはならないと考え、姉妹園の鈴蘭台幼稚園と合同で、独自に法人内ミドルリーダー研修を開催することにしました。この時に年間６回のシリーズで行なった研修のテーマは下記の通りです。

> ① ミドルリーダーってなんやねん？
>   〜チーム内で期待されている機能や役割について〜
> ② ミドル同士の相談会
>   〜いま私が学びたいのは、どんなこと？〜
> ③ お悩み（問題）を解決する思考法について
>   〜後輩からの相談に乗る方法〜
> ④ ミドルのわたし、どうかしら？
>   〜園づくりのことばカードを用いた自己点検・評価〜
> ⑤ リーダーズメッセージ
>   〜最近、園長が考えているコト「共主体」について〜
> ⑥ 鈴木正敏先生の園内研修に向けた企画会議
>   〜メンバーの状況は？　何をどう学ぶ？　どう援助する？〜

　研修の構成としては、「基礎編①②：ミドルリーダーに関する基本的な知識を知り、どんなことを学びたいか参加者のニーズを抽出する→応用編③④⑤：ニーズに応じた研修を展開し、チームでの実務に活用する→発展編⑥：参加者個々の成長とチームでの仕事を園全体の成長へつなげる」という流れで実施していきました。

(5) 自園なりのミドルリーダー像の確立

　このような研修を通じ、園内の「つなぎ」の役割を果たすだけでなく、ほかにもミドルリーダーの役割のあることがわかってきました。例えば本園でミドルリーダーが活躍する場面として、保育中では、子どもの成長を支えるために各クラス担任と連携し、担任だけではできない部分をサポートすることが挙げられます。保育後であれば、後輩の話を聞き、自らの体験談を交えながら相談に乗り、後

輩の成長をサポートしていくことです。「クラス担任を卒業した1つ上のポジションとして、学年全体や園全体を見ながら動ける人、経験年数とともに視野を広く持てるようになってきた人たちが就くポジション」として、だんだん確立してきました。

　初任期を越えて経験年数を積み重ね、新しいステージへ至った保育者には「自立して、自分で自分を育てること」が求められがちです。ですが、一人だけで成長することは難しく、やはり誰かからの支援や仲間との学び合いが必要になります。特に初めての立場や役職になったときは、モデルを探し、「誰かのまねから始めたい」などと考えるものです。いくつになっても保育者同士が学び合いをできるよう、園としてそのサポートや仕組みを作っていくことにより、定着率の問題は解決し、チーム全体も活気づくようになりました。

第6章　チームをオーガナイズする　トップ・マネジメント

(1)「子ども主体の保育」を支える教職員の組織体制「チーム」について

　ここまで述べてきた本園の変遷を振り返りますと、公開保育や園内研修などを経てだんだんと1つのチームにまとまっていく以前は、いわゆる「なべぶた型組織」だったことが思い起こされます。

　「なべぶた型組織」とは、トップリーダー層が少数の創業者一族のみで占められ、その他のメンバーは全員が平社員扱いという、階層的で権威的なトップダウンの指示系統に偏重した組織を指します。

仲間研では、よく「職員室内の先生同士の関係性と、保育室内の先生と園児との関係性は相似形になる」と言われます。「園長の言う通り素直に動ける保育者」が求められるトップダウンの組織において、なんとなく「先生の言う通りに素直に動ける子」が理想の子ども像とされていたのは、そうなって当然だったのかもしれません。

■「なべぶた型組織」の図

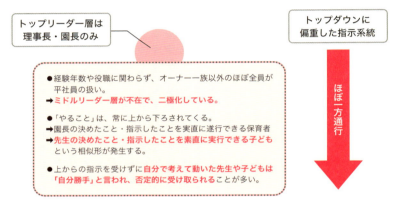

　では、「子ども主体の幼児教育・保育」を目指す場合、それを支える教職員の組織体制とはどのようなものになるのでしょうか？
　私が園長になって5年目から、本園では教育目標（理想の子ども像）として「自分で考えて、自分で決めて、自分で動ける主体性の高い子」を掲げ、その実現に向けた日々の園生活の在り方をスローガンで「やってみよう！　があふれだす」と表現しました。ということは、先述の相似形の話になぞらえるならば、「自分で考えて、自分で決めて、自分で動ける主体性の高い保育者」の存在が必要であり、その保育者の主体性が生かされる組織体制でなくてはなりません。そうして、園は子どもも大人もみんなの主体性が高く「やってみよ

う！」にあふれた、共主体の教育の場であることが理想となります。

　ミドルリーダー育成の項で秋田喜代美先生らの著書[※4]について触れました。この本ではリーダーシップに着目しつつ、「分散型」など、まさに保育者の主体性を高める協働的な組織の在り方について、示唆に富んだ記述がたくさんあります。要約しますと、「分散型・協働的リーダーシップ」が発揮されている組織とは、園長等のトップリーダー層だけでなく、全ての教職員がリーダーシップを発揮している組織のことです。誰かがリーダーシップを発揮しているとき、ほかの保育者はそのリーダーをフォローします（フォロワーシップ）。リーダーシップを発揮する人が階層的に固定されておらず、リーダーとフォローをする人が、その場に応じて流動的に入れ替わります。全ての教職員の多用な持ち味や良さをお互いに肯定して活かし、支え合うことのできる民主的な組織の在り方です。

　そして、このような組織のことを、仲間研の秦賢志先生（はまようちえん）たちは「チーム○○園」と呼んでいます。

(2) 保育者がチームとして仕事をできるように　～トップ・マネジメントの必要性～

　チームといえば、文部科学省が「チーム学校」という言葉を使い出してから20年以上が経ちました。しかし、教員養成や保育士養成の課程には、教職員同士がチームとして連携・協働することに触れる授業や科目が必須単位として制定されていません。

　保育士等のキャリア・アップ研修が始まり、カリキュラム・マネジメントを含む「保育現場のマネジメント」に関するミドル層対象の研修は広がりを見せています。他方で、そもそもこのようなミドル・マネジメントが生きる土台として、トップリーダー層がどう

チームをオーガナイズするのかという「トップ・マネジメント」や「トップリーダー層のリーダーシップ」に関する研修等はほとんど存在していません。

　ピーター・F・ドラッガーは名著「マネジメント[※5]」で、「マネジメントとは、組織をして成果を上げさせるための道具、機能、機関」と定義しました。逆に言えば、人が集まって組織となり、その力を合わせて仕事の成果をあげるためには、マネジメントが必要だということです。もちろん、チームづくりにおいてもそうなのです。そしてこれは、企業以外の組織においても共通する概念であり、幼稚園・保育所・認定こども園にも通じます。けれども、そのことを園のトップリーダー層へ教えてくれるような仕組みや研修が存在していないことは、やや問題があると言わざるを得ません。

　このような背景を鑑みると、かつて自園の中に「保育者としての成長は本人の努力次第」と考え、個々の保育者が個人の保育スキルと責任感だけでバラバラにそれぞれの仕事をこなし、チームとして機能していなかった時代があったことは、無理からぬことだったのでしょう。

　トップリーダーによる適切なマネジメントなくして、教職員がチームとして連携・協働して保育の質を高められる組織づくりはできません。言い換えれば、これまでに挙げてきた自園の変遷の歴史とは、欠けていたトップ・マネジメントを補うことによって組織が変容してきた歴史とも言えるでしょう。

※5　著：ピーター・F・ドラッカー、訳：上田惇生：訳、『マネジメント上・中・下』
　　（2008）ダイヤモンド社

(3) トップ・マネジメントとしての教育理念の再構築

　ドラッカーはトップ・マネジメントの基本として「組織の定義を定めること」を挙げ、「そもそも自分たちの事業は何であるかを定義し、顧客は誰で、顧客に対して何を提供するのかを考えましょう」と述べています。なお、ここでドラッカーが言う「顧客」とは広義の概念で、消費者や取引先だけでなく、従業員や組織のメンバーも含まれています。

　この派生形として、近年はPurpose（パーパス）やMVV（Missionミッション、Visionビジョン、Valueバリュー）などを策定し、それに基づいた経営をする企業や自治体が増えています。これらの解釈や運用法については諸説ありますが、概ね下記のように整理できます。

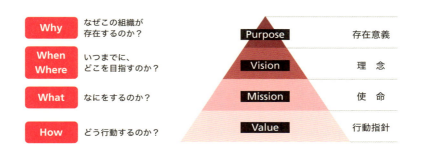

　保育者が集まって園という組織を形成し、チームとして連携や協働をして質の高い幼児教育・保育の実践をしていくためにも、やはりこのような定義や目標となるものが必要となります。自園の場合、建学の理念などを継承しつつ、教職員の意見も取り入れて創造したものを新たに加えて整理し、次のように再構築しました。

● 学校法人鈴蘭台学園の「建学の理念」

法人として、どのような子どもを育てるかを端的に表したもの

> 強い心、丈夫な身体、優しい気持ち

● いぶき幼稚園の「教育目標」

園として、子どもたちが卒園する頃にこのような姿へ育っていて欲しいという方向目標、理想の子ども像

> 自分で考えて、自分で決めて、自分で動ける主体性の高い子

● いぶき幼稚園の「スローガン」

教育目標実現に向けた、日々の園生活の在り方を端的に表したもの

> 「やってみよう！ があふれだす」
> 「やってみたいなぁ…」と思うだけでなく、「やってみよう！」と行動へ移すところにまで至って欲しいという願いが込められています。

●幼児教育・保育の方針

教育目標実現のために保育者と保護者が一緒に大切にしたいこと、子どもと接する際の姿勢、園の在り方など

> 1. 人とのかかわりを大切にした生活体験を積み重ねる
> 2. 遊びを通した学びを大切にする
> 3. 子どもが自らの意思・判断で遊べるように、豊かな環境を構成する
> 4. 生きる力の基礎となる自己肯定感（自尊感情）を養う
> 5. 家庭及び地域における幼児教育・保育の支援をする

また、先述の理念や目標などを実現するため、どのようなチームと保育者の姿を目指して欲しいのか。トップリーダーである私からのアイメッセージも発信しました。

●いぶき幼稚園の先生は、どのような先生を目指すのか
　～園長が願う理想の教職員集団の姿とは？～

「チームいぶき幼稚園」として
学び合い、支え合い、育ち合う関係性・同僚性の教職員集団が、チームとして相乗効果を発揮し、幼児教育・保育の質を高めて欲しい。

チームの一員としての姿勢「情けは人の為ならず」
人の優しさは連鎖し、巡り巡って自分へ返ってくる。常に、自分が最初の優しさを発信できる人であって欲しい。自分も仕事も仲間も大切にできる、「気の利く人」を目指して欲しい。

チームの中で教職員ひとりひとりが成長していく

教職員が成長する過程は、「他律（支えられる、育てられる）から自律→自立（自分で自分を育てる）へ」である。

「初めては誰もがしんどい。でも、少しずつ慣れて楽しくなってくる。やがて、やりがいや生きがいを感じるようになる」

ひとりひとりの成長過程を支える先輩や仲間の存在が大切！　特に「初めて」の立場は、誰もが誰かの支えを必要とする。

自分がしてもらって嬉しかったことは、ほかの人にもやってあげよう！　自分がされてイヤだったことは、もうほかの人には繰り返さない。自分が「こうしてもらえたら助かったな」と思うことは、次の誰かにドンドン試してみよう。きっと喜んでもらえる。

お互いに「こうして欲しい」と言ってもいいんだよ。言わなきゃ伝わらない。

最終的には…

自立した人たちになり、その中から自分の後継者が出て欲しい。

(4) 理念と実践にブリッジをかけるトップ・マネジメント

　先ほど挙げたのは、保育者がチームになるために必要な「保育の方向性」や「チーム内での振る舞い方」などを示す言葉です。では、次にどのようなマネジメントをすれば、保育者がこれらと日々の保育実践を結びつけられるようになるのでしょうか？　もちろん、トップリーダーが繰り返し何度も理念を語り、浸透させることは必須です。それをやったうえで、さらにやらなくてはならないことがあります。

　例えば、一般的に私立幼稚園では、理念を段階的に具体化して

日々の実践へと結びつけていくために、下記の順序で組織的に指導計画が立てられています。

また、文部科学省「幼児理解に基づいた評価」※6 では、個々の保育者が日々の記録・エピソード・写真などを生かしながら実践の過程を振り返って改善につなげるために、複数の保育者と考え方を突き合わせながら、多面的に幼児を捉える工夫をすることが重視されています。加えて、これを組織的かつ計画的な取り組みとして行うために、園内研修等の充実を奨励しています。

　上記の2例からわかることは、ひとりひとりの保育者が自園の理念と日々の保育実践を結びつけられるようになるために、「園の同僚と事例交換や対話をしながら思考を深めていく過程」が必要だということです。実際に、文化祭「いぶきわくわくフェスタ」を創設しようとした際、初めてのことだらけで、私たちはどのような期・月・週・日の指導計画を立てれば良いのかわかりませんでした。そこで鈴木先生が他園の事例を紹介してくださったことにより、イメージを具体化していくことができました。

　ただし、このような保育者同士の対話をする際、忘れてはいけない大切なことがひとつあります。それは、ファシリテーションスキルを持った人がこの場に同席することです。ファシリテーターが問いかけたり書いたり時間管理をしてあげたりし、保育者が同僚との対話を通して思考を深め、自分なりの考えや言葉や次に取り組む実

践が見つかるように援助してあげるのです。

　トップ・マネジメントとしては、このような研修や対話の時間と場を設け、トップ自ら理念を語り、そして自らファシリテートをする。もしくはファシリテートできる人を用意する。そうして、ひとりひとりの保育者が理念と実践にブリッジをかけられるように支援することが必要なのです。

　私の場合は、幸いなことに、ECEQ®コーディネーターとしての学びや活動経験が、自分自身のファシリテーションスキル獲得につながりました。また振り返ると、本園の場合は、園内研修だけでなく公開保育の機会を数年おきに持つことにより、さらに保育者同士の対話を深める取り組みが強化されていたように思います。

※6　文部科学省『幼児理解に基づいた評価』(平成31年3月)チャイルド本社

(5) トップがミドルを支え、ミドルが現場を支える

　子どもにとって「主体的・対話的で深い学び」につながる園生活が送れる園であるためには、子どものそばにいる保育者にとっても職場がそうあるべきだと思います。そして、学び合い、支え合い、育ち合う関係性・同僚性の教職員集団が、チームとして相乗効果を発揮し、保育の質を高めることが理想なのだと思います。

　しかし、チームは生き物です。園は毎年子どもも保護者も保育者も入れ替わり、異動もあります。常に同じ状態をキープすることは不可能です。ということは、チームの状態をこまめに確認する必要があります。そのために、例えばタックマンモデルというものがあります。

　タックマンモデルとは、心理学者のブルース・W・タックマンが

やってみよう！があふれだす 〜子どもも保育者も主体性の高い保育を目指して〜

1965年に提唱した、組織の成長の段階を示したモデルで、チーム・ビルディング研修でよく参考にされます。タックマンモデルには、チームの結成から解散に至るまで、組織の状態に応じて5つのステージが設けられています。その5つとは、形成期（Forming）・混乱期（Storming）・統一期（Norming）・機能期（Performing）・散会期（Adjourning）です。

■チームの成長段階モデル
（タックマンモデル Tuckman,Bruce W:"Developmental Sequence in Small Group" 1965）

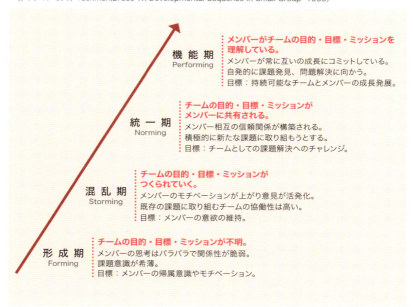

例えば、形成期にあるチームに必要なのは、お互いを知り合って関係性を築くことです。まだ関係性ができていないのに「職員室の机をフリーアドレス」にしてしまったら、一部の固定化された関係性のグループとそこに入れない人が生まれてしまい、グループに入

いメンバーの居心地が悪くなり辞めてしまったりすることでしょう。フリーアドレスの導入によって部署を越えた活発なやり取りが生まれるのは、統一期や機能期のチームなのです。チームの状態を考えず、なんとなく良さそうな手法だけをまねても、うまく効果を発揮できません。それどころか、逆効果になってしまうこともあるのです。

このように、タックマンモデルなどを参考にしながら、トップリーダーは「自園のチームが今どのような状態にあるのか」を都度確認し、その状態に合わせて適切なマネジメントを実践する必要があります。チームの状態に応じたトップ・マネジメントが適切に行われることにより、ミドル層の成長が支援され、ミドルリーダーも育ち、その活躍できる役割や場面が明確になり、チーム全体が活性化することにもつながっていきます。

ミドルリーダーがどのような園務分掌を担うのかは、きっと園に

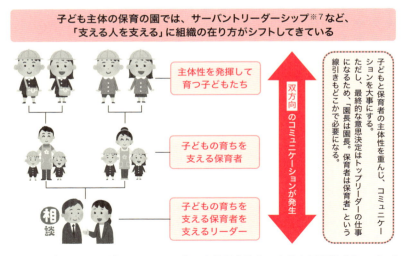

※7　ロバート・K・グリーンリーフ著、金井壽宏監修、金井真弓翻訳『サーバントリーダーシップ』(英治出版 2008) を参考に図を作成

よってさまざまでしょう。重要なのは、トップリーダーがその人にどんな役割を命じているのかではありません。トップリーダーが用意したチームという土台の上で、さまざまなヒト・モノ・コトの「つなぎ役」として機能しているかどうかが肝心なのです。トップリーダーはそこを見誤ることなく、ミドルリーダーを支えなくてはなりません。そうすることができれば、次はミドルリーダーが現場を支え、良い支え合いの循環がチーム内で広がっていきます。そしてこの好循環こそが、「主体的・対話的で深い学び」が行われる「共主体の教育の場」を支えていくのです。

(6) さまざまな方向性からのトップ・マネジメント

最後に。私が事業承継してから自園の組織づくりで取り組んできた「保育者の主体性を支えるチームづくり」をまとめると、下図のようになります。

■保育におけるトップリーダー・マネジメント　俯瞰図（上位概念図、阿部案）

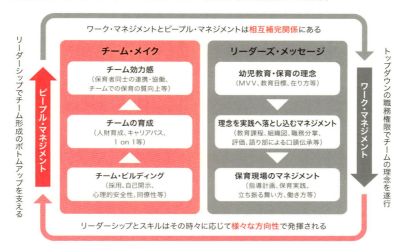

リーダーシップを発揮してチームを作り上げてきたところは、ボトムアップの流れで教職員間の関係性を作り上げるところから始めていきました。もう一方で、保育の方向性を教職員と共有し、ミドルリーダーが機能するよう組織内に役割を位置づけ、保育者が仕事をしやすい環境を整えてきたところは、トップダウンの流れで取り組んできています。

　トップダウンとボトムアップという表現をすると、まるで方向性が逆で、矛盾をはらんでいるかのような印象を受ける方がおられるかもしれません。確かに、一般企業等を対象としたマネジメントの研修やコンサルティングでは、前ページの図のようにトップ・マネジメントでボトムアップとトップダウンの流れを有機的につなげ、相互補完関係にあることを提唱しているものはほとんど見当たりませんから、そう思われても仕方はありません。

　しかし、保育現場には、常にダブルスタンダードが存在しています（参考資料：次ページの岡健先生作成の図）。「今、ここ」の子どもの思いに寄り添う子ども理解に基づいて、ボトムアップで保育を組み立てていく「下からのねらい」と、発達の理解や「子どもたちにはこの時期にこういう経験をして欲しい」という保育者の意図性や見通しに基づいた「上からのねらい」です。

　「上からのねらい」と「下からのねらい」の両方が欠かせない保育現場において、子どもの主体性だけでなく保育者の主体性も支えるチームづくりをするならば、やはりこれと同じような考え方がトップ・マネジメントにおいても必要になるだろうと、私は考えています。ですから、ボトムアップとトップダウンの流れを相互補完関係に捉え、さまざまな方向性からのアプローチを考えて実践していくことは、決して不自然ではなく、むしろ必然なのだろうと思います。

やってみよう！があふれだす 〜子どもも保育者も主体性の高い保育を目指して〜

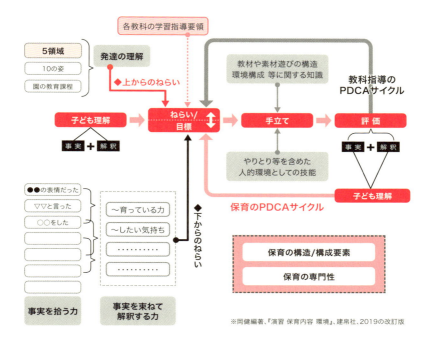

※岡健編著、『演習 保育内容 環境』、建帛社、2019の改訂版

　しかしながら、一人で保育ができないように、一人でマネジメントもできません。これらはトップリーダー層だけで全てを実践できるものでも、するものでもありません。ミドルリーダーをはじめとするチームのメンバーを信頼し、任せ、協働することにより、さまざまな方向性から多角的にリーダーシップとマネジメントスキルが発揮され、チームが機能するようになっていくのです。また、現場のメンバーひとりひとりのチームに対するエンゲージメント[※8]を高めていくことにもつながります。

　このように、はじめは「現場の保育を変えたい」というところからスタートした私の実践ですが、その根っこにあるものを考え、「子どもの主体性を大切にするように、保育者の主体性も支えるチーム

づくり」やそのために自分が実践すべきトップ・マネジメントについて考え、教職員と一緒に取り組むようになってきたのでした。

※8　エンゲージメントとは、企業と従業員との間での確固たる信頼関係を意味します。従業員は企業に対して貢献することを約束し、企業は従業員の貢献に対して報いることを約束します。その約束に相当するものがエンゲージメントです。

おわりに

　20年ほどにわたる自園と私自身の変遷や成長について振り返りました。そのときそのときにどのような出来事や出会いがあり、そこにどんな学びがあったのかを整理してみると、苦しかったことやつらかったことにすら、そのひとつひとつに意味があったのだと思えました。

　かつては、何をやっても園児と保護者が集まり、保育者も次々と就職に来た「保育拡大の時代」でした。けれど今は、いかに園児と保護者を集め、保育者を定着させるかが問われる「保育縮小の時代」です。そして、「幼児教育・保育の質の高さが求められる時代」になりました。

　当然、園を取り巻く社会環境の変化に応じて、必要とされるチームの在り方やトップ・マネジメントも変容していきます。けれども、幼児教育・保育においては、いつの時代でも変わらずに大切にしたいことがあります。かつて小田豊先生は、第70回日本保育学会の基調講演にて、松尾芭蕉の「不易と流行」という言葉を用いながらそのことを説かれました。

　私は「保育と仲間づくり研究会」と出会い、「たとえどんな立場の人であっても、仲間との学び合いが必要なのだ」ということを知り、それをトップリーダーとしての自分自身の行動へ結びつけようとし

てきました。私にとっての「不易」とは「仲間との学び合い」であり、それができる場をさまざまな人のために作り続けることです。それをハッキリと意識して言語化し、具体的な実践へと結びつけられるようになったのは、鈴木正敏先生が園内研修でモデルになったり具体化するサポートをしてくださったりしたおかげです。

　この20年の歩みについて、小田豊先生、濱名浩先生をはじめとする保育と仲間づくり研究会の会員と会員園の先生方、鈴木正敏先生、そして未熟なトップリーダーである私と一緒に園の変革へ付き合ってくれた教職員と園関係者、いつも支えてくださる保護者や地域の皆様、たくさんの方に感謝を伝えさせていただきます。最後に、これからも学び続ける「チームいぶき幼稚園」のことを読者の皆様にもよろしくお願い申し上げ、終わりの言葉とさせていただきます。いつかどこかで、皆様とも一緒に学び合う機会を頂戴できれば幸いです。ありがとうございました。

園が変化していく時の私自身と
5歳児チームについて

幼稚園型認定こども園 いぶき幼稚園 **八木 彩美**
経験年数14年目、現在の役職は子育て支援主任(預かり保育チームのリーダー)

　私がいぶき幼稚園に勤務し始めてから7年目、5歳児クラスの学年リーダーへ就任することとなりました。

　この年度の1学期中に、仲間研の先生方の支援を受けながらECEQ®公開保育を実施しました。各STEPを通して5歳児チームのメンバーと一緒に考えたり悩んだりし、公開保育後は年齢チームだけでなくさまざまな立場の先生方とも対話を重ねていきました。

　ECEQ®を実施するまで、当時の保育内容には前年度踏襲型や保育者主導型といわれる要素がまだ多く残っていました。ですが、ECEQ®を経験したことで、私を含め、保育者の考え方が「子ども主体」へと大きく変わり、それにつれて保育内容なども変わっていきました。

正解のない保育に迷いを感じる日々

　「子ども主体」へと考え方が変わってきたと同時に、迷いもたくさん出てきました。5歳児チームでは、「どこまで子どもにまかせるの?」「これは先生がやりすぎ?」という自問自答がいつも出てくるようになりました。そんな迷いを抱えながら、最初に保育内容を考え直した大きな行事が運動会でした。

　それまでの運動会は、「毎年行なうのが当然の恒例行事」として「保育者から子どもたちへおろす」という形で導入の話をし、子どもたちの興味関心や経験などに沿った話し方ではありませんでした。

　また、運動会で取り組む内容は保育者だけで相談して事前に決めていました。数年前に行な

われた競技やダンスなどの演目を保育者が少しアレンジして子どもたちへ提示し、子どもたちは保育者に示されたことを練習し、運動会当日の発表に向けて反復練習を繰り返しながら完成度を高めていくという進め方でした。それらを全て一度に変えようとしたわけですが…。

この頃はまだ「主体性」という言葉の意味に惑わされており、子どもたちから自然発生的に活動の始まることが理想なのだと思い、それ以外の展開ではダメなのだと思い込んでいました。

ですから、運動会の何もかもについて、「子どもたちからの発案や企画を受け、それを実現すること」として考え直していきました。そうして、子ども同士で話し合う場を設け、子どもたちが自分で考える機会を増やし、保育者からは何も教えないようにしました。しかし、いくら子ども同士で話し合いを重ねても、子どもたちからは保育者の意図する「運動会」という言葉や発想すらも出てきませんでした。それについて、「どうしたら、子どもたちから運動会という発想が出てくるのか？」「そもそも運動会があることは、保育者から言っても良いんじゃないか？」などなど、たくさん悩んだものです。

産みの苦しみが考えを深めていく

園内に前例や答えがないことばかりでしたから、時間をたくさん費やし、産みの苦しみを味わいました。そうして悩みながらも、毎日の保育において「考える⇒試す⇒振り返る⇒実践する」というサイクルを常に意識していきました。

すると、「子どもたちの主体性を伸ばすためには、保育者の意図的な言葉かけ、意図的な環境構成なども必要なのだ。それらがバランス良くつながることで、子どもたちからもさまざ

な発想や言葉が出てくるようになり、発達に必要な体験をより多く得られるようになるのだ」ということが徐々にわかってきました。

そうして、子どもたちの周りを取り巻く環境や遊びについて、そのひとつひとつの意味をとても深く考えるようになりました。保育中に何か迷うことがあるときは、「なぜこれが必要なのか」「これをすることによって何が育つのか」という視点で考えることにより、保育者個々が自分でその場面にあった行動を判断できるようになっていきました。

この年度の冬には、保育と仲間作り研究会の冬期研修会で、運動会の事例のポスター発表をさせていただきました。ポスター発表では、自分たち自身の保育を見つめ直し、少しずつ変化してきた保育内容と子どもの姿や反応について、実体験として私たちが感じていたことをまとめました。発表を通して他園の先生方と語り合うことにより、さらに自分たちの保育への考えが確固たるものとなり、自信の積み上げとなりました。

2月からは鈴木正敏先生に園内研修へ年5回お越しいただくようになりました。迷ったことや困ったことについて相談し、アドバイスをいただいたり背中を押していただいたり、新たな視点をいただいたりできるようになりました。鈴木先生のおかげで、視点も視野もどんどん広がり、だんだんと迷いがなくなって確信へと変わっていきました。

この年度は学年末に向けてもさらにさまざまなことを園内で話し合っていきました。特に行事の在り方について大きく見直すことになった年度でした。

子どもの姿から、迷いが確信へ変わり、自信へとつながっていく

翌年、前年度から引き続き、

staff voice

　子どもたちの姿や思いに合わせた保育へと改革を進めていきました。子どもたちが「考える⇒試す⇒振り返る⇒実践する」というサイクルを意識した保育を継続していくと、彼らが自分で何かに気付いたり発見したりしたときの表情、自分たちで決めたことを実行する際の意欲の高さ、自分たちで創り上げたからこそ味わえる充実感など、たくさんの育ちを目の当たりにすることができました。そして、子どもの育ちを見取った保育者自身にも、「楽しい！　面白い！　子どもってすごい！」と心の躍る充実感が得られるようになりました。

　子どもたちの意欲あふれる姿が日常的に見られるようになるにつれ、私自身も今の子どもたちの姿に合わせた保育をさらに深く考えていくようになりました。そこで、ミニ生徒会のような「代表チーム」を作ったり、お店屋さんごっこでは店舗へ実際に見学に行ってお店作りへとつなげたりするなど、子どもたちの興味関心に寄り添いながら、さらに活動を発展させる援助・環境構成・展開などを考えられるようになっていきました。

　ECEQ®から2年目の学年末保護者会では、「変わりゆくいぶき幼稚園の保育」へ保護者の理解を得るべく、子どもたちの一年間の育ちについて発表しました。発表の準備はとても大変でしたが、この機会のおかげで、5歳児チーム内ではさらに子どもの育ちへの理解を深め、自分たちがしてきた保育への自信と誇りをもつことができるようになりました。

　今までの保育内容や行事を変えること、新たにゼロから生み出すことはとても大変でした。ですが、それまでには見られなかった子どもの育ちが出てきたことがわかると、大変さ以上に大きなやりがいが感じられました。

実践事例3

staff voice

　そして、私たちと同じように「子どもたちのやりたいこと、やってみたい、やってみよう！」の気持ちを支えてくださった園長先生や副園長先生の存在がとても心強く、「いいね、面白いね、すごいね」と肯定的に認めてくださる言葉が、さらに私たちの自信へとつながっていきました。
　こうしてあらためて振り返ってみると、私たち保育者が「子どもの主体性を支えよう」と手探りで奮闘していた裏で、園長先生たちも同じように「保育者の主体性を支えよう」と奮闘されていたことがわかりました。
　これからも「チームいぶき幼稚園」として、各年齢チームだけでなく園全体としても進化への歩みを止めず、進んでいきたいと思います。

● 理解を深めるために ●

あたらしい保育を創る園内研修とリーダーシップ

兵庫教育大学 学校教育研究科 教授
鈴木 正敏

子ども主体の保育を進めるために

　これまで見てきた3つの園では、それぞれに子ども主体の保育を進めるために改革を進めてきました。ここで共通しているのは、子どもたちの気持ちや考えを大切にしようとしていることです。これまでの保育のあり方が、大人がねらいを決めて計画し、それに子どもたちが教えられ、従っていくことがよしとされてたものでした。しかし、子どもたちが生き生きする場面とは、自分たちで好きなことを、自分たちの頭で考え、手を動かし、困難を乗り越えて実現した時に見られるものでした。そこには子ども同士の相互作用があり、ああでもない、こうでもないと言いながら、試したり考えたりする姿がありました。そのやりとりを通じて、子どもたちは社会情動的スキル、いわゆる非認知的スキルを身につけていくのです。特に、それが何かを実現するプロジェクト型の保育となった際に、顕著にあらわれるものでした。活動を考えたり計画したりする時には、当然のことながら大人の考えも入ってきます。いくら子ども主体といっても、放任して自由気ままにさせれば良いというものではありません。そこに保育者の意図が入ってきます。

子どもの「したい」気持ちと、大人の「したい」気持ちを共存させる〜共主体の保育へ〜

　保育者の意図といっても、それが子どもたちのやりたい気持ちを制限するものではありません。これまでその2つは二律背反的に捉えられてきましたが、大人の「したい」と子どもの「したい」は共存

させることができると考えます。「Co-Agency」、最近は共主体と翻訳されていますが、お互いが行動主体（エージェント）として存立することができる、という意味なのです。OECDのEducation2030で提唱されている「Student Agency（子ども主体）」と共に、この概念は挙げられているのですが、もともと日本を含むアジアの研究者から提唱されたもので、協働的な活動を得意とするわが国では馴染みのある考え方だと思います。そこに、北欧諸国から提案のあったStudent Agencyが加わって、学びのあるべき姿として言われているのです。個別最適な学びと協働的な学びを一体的に展開する、という令和の日本型学校教育の考え方と通ずるものがあり、個を大切にしながら、みんなで何かを成し遂げる、ということを私たちは考えるべきだと思うのです。そこで、方法としての「主体的・対話的で深い学び」が大切になってくるのです。その1つとして、プロジェクト型保育を進めていくことは、理にかなっているといえます。

　プロジェクト型保育を進めるには、まず子どもたちの興味関心を拾うところから始めます。七松幼稚園でのカレーづくりなどは、プロジェクトに発展しやすい好例です。カレーはどの家庭でもよく食べられていて、子どもたちにとっても身近で好物であることの多いメニューです。そこから、いろいろな活動へと発展していきます。また、園での栽培・収穫をもとに活動を始めるにもちょうど良いものになっています。実際、七松幼稚園でも、子どもたちが収穫した玉ねぎを使ってのクッキングでした。

　しかし、この実践は煙の無いところから湧き上がってきたものではありません。コロナ禍で登園自粛があった頃に、オンラインでクッキングのライブを見せておいて、そこからの活動だったのです。登園再会して子どもたちが園に来るころには、すでにお口の中

がカレーの味になっていたことでしょう。先生たちが計画し、子どもたちのやる気を呼び起こしてからの実践なのです。大人の「したい」と子どもの「したい」が見事に共鳴して、カレーづくりの実践になったのでした。
　他の園でも、カレーづくりの実践を多く見てきましたが、鍵となるのが、メニューに至るまでのプロセスと、そこからレシピ・作り方へもっていくまでの過程です。七松幼稚園では、先生からメディアを通して子どもたちの意欲を喚起したのですが、まず「ジャガイモが園でできたね。どうやって食べようか？」というところから5歳児に投げかけている園もありました。そこでは、カレー、シチュー、フライドポテト、など、さまざまな意見が出てきました。そこからクッキングが可能なカレーとシチューに絞り込み、なかなか決められないでいたところ、「3歳さんや4歳さんに聞いてみよう！」と小さいクラスに聞きに行っていました。4歳のクラスに行った子たちは、ちゃんと数を数えてきましたが、3歳のクラスに行った子たちは、どちらにも手を挙げてしまう3歳児に困ってしまい、さながらテレビのクイズ番組のように「カレーの子はこっちに来て！　シチューの子はこっち側に！」と声をかけて数えるという工夫をしていました。
　レシピになってくると、子どもたちの力が発揮されてきます。ある園では、お手紙でお家のレシピをもってくるように伝えていたのですが、子どもたちが保護者から聞き取って、自分で文字で書いてくる子、文字ではなく絵で描いてくる子と、さまざまな方法で情報を集めてきていました。それらをもとに、5人のグループでレシピを決め、カボチャを入れるところ、ズッキーニがいるというところ、お肉の内容を決めて、さらに隠し味についても話し合っていました。砂糖、しょう油、ケチャップ、インスタントコーヒーなどを

入れる、など、ご家庭での工夫が垣間見えるような内容でした。さらに「ガラムマサラを入れる」というグループもあって、よくご存知の先生が実物を持ってきてくださって、お部屋に掲示してありました。カレーづくりのレシピという情報を持ち寄ってくると、子どもたちは自分で話したい・伝えたい内容をもって話し合いに臨みます。そこには一人一人の主体があり、折り合いをつけながら共存する道を探っていきます。大人としては、子どもたち一人一人が参加して欲しいと願います。そうすると、子どもには参加できるようなツールをもっていて欲しいのです。カレーのレシピがそれにあたります。集団の中で、自分が何か提供できるもの、伝えたいものを持つということは、プロジェクト型保育に参加する上で大切なことです。その仕掛けを作るのが、大人である保育者の役割でもあるのです。

　他にも、七松幼稚園では、いろいろなプロジェクトが進んでいました。町づくりの時には、牛丼の材料を買いに商店街に行く、という計画がありました。園としては、それは遠足としての位置付けでした。他のクラスはチョウチョから発展したところは昆虫館へ行っていましたし、ある年には、子どもたちがお金に興味を持っていたクラスが地元の信用金庫がもっている貯金箱博物館に行ったこともあります。5歳児の4クラスがそれぞれの場所を選んで行くのですが、これも子どもたちのプロジェクトの一環です。

　その牛丼の材料を買いに行く時のお話です。子どもたちは材料費を自分たちでなんとか稼ごうとしていたのですが、いろいろ考えた結果、園の中でお仕事をして園長先生からお金をもらおう！　と目論んだのです。子どもたちは、園庭の掃除、廊下の掃除、園長先生のお部屋の掃除、それからiPadのソフトのキャラクターづくりのお

手伝いなど、いろいろなものを考えてきました。園庭や廊下などは、どのくらいのスペースか？　というのを測るために自分たちが手をつないで何人分になるか、と数えてみたり、廊下の長さを計測したりして算出していました。その上で、掃除の単価をもとに表にしてきたのですが、掃除の単価が500円と高額だったため、園長先生に値切られてそれぞれが20円から50円ほどになっていました。園長先生としては、子どもの「やりたい！」を認めつつも、簡単にできないように壁となる役割を演じていたのです。この押したり引いたりの駆け引きが、子どもたちにとってもやる気が出る源になるのでしょう。結果としては、あまり掃除が思うように進まず、残りの金額を園長先生にお願いするため、謝罪会見が開かれたようです。

　こうしてみると、大人の側の願いは、子どもたちに考えて欲しいこと、壁があっても乗り越えて欲しいこと、そして一人一人が意欲をもって活動に取り組んで欲しいこと、なのかもしれません。大人と子どもが、どちらかが上であったりするのではなく、対等な立場で話し合えるような場面が多くあったら良いな、と思うのです。

探究する心を育てる　「広げる、続ける、深める」プロジェクト型保育
興味関心を深める
　主体的・対話的で深い学びを進めるのに、子どもの興味関心から出発することが大切です。プロジェクト型の保育では、それをさらに深めていくことが求められます。プロジェクトを推進するには先生方が「広げる、続ける、深める」の３つの言葉を念頭に置いておくことが重要です。子どもたちが何かに興味を持った時に、それをどのように広げていくか、ということを考えます。広げるためにはウェブ

図の活用が有効です。高槻双葉幼稚園では、何かを考える時によくこのウェブ図が使われます。例えば、先に挙げたように、遠足の行き先について話し合う際にも、真ん中に「高槻市内の

遠足」とおいて、そこからいろいろな案をまとめていました。預かり保育の5歳児が、自分たちで夏祭りをしたい、と考えた時も、ヨーヨー釣りやわたあめ、スーパーボールすくいなど、案を出し合うのに使っていました。こうしたツールは、最初は先生が提示をするのですが、そのうちに子どもたちが自分で使うようになってきます。

　アイデアを広げていくのにウェブ図は最適です。何か発想するのに、可能性を広げていくというイメージにピッタリのツールであるといえます。こうして広げたアイデアをもとに、活動を続けていくことが重要です。一旦広げても、それが続かないことには深まりを見ることは難しくなってきます。そのためには、簡単に実現しない方がいいのかもしれません。スーパーボールすくいの子たちは、ボールを買ってくるのではなく、自分たちで浮かぶものを作るようにしていました。そうすると、かなり時間と日数をかけなければできなくなってしまいます。大人の考えからすると、購入できるものならしてしまって、お店をどう運営するかに行ってしまいたくなるのですが、そこをしないで子どもたちに任せておくのが良いのではないかと思います。例えばカレーを食べたければレトルトでもお店のものでも良いかもしれませんが、実際に自分たちが作るところに楽しみが生まれるのです。完成品を買うのではなく、プラモデルを

一から作ったり、ラキューをピースから作ったりするのと同じです。早く簡単に、ではなく、1つ1つを手作りで、というのが子どもたちの楽しみであるのです。その時に、「限りなくホンモノに近いニセモノ」というのが子どもたちの心をくすぐります。お店屋さんごっこでウケるのは、そういったアイテムです。

　ただし、続けるためにはそれ相当の努力が必要です。子どもにとっても、保育者にとってもです。子どもたちが「やれそう」「できそう」と思うものを準備したり、目の前に置いておいたりすることが、大人の側の工夫です。子どもたちも、やる気をもって続けるだけの気力が必要です。失敗したりすることもあるでしょう。しかし、安直な成功よりも、ちょっと乗り越えられそうな失敗の方が、子どもたちにとって心に残るものになるに違いありません。ですから、保育者としては「子どもたちにとって意味ある失敗」をどれだけ提供できるかに腐心した方が良いのです。それは、いぶき幼稚園で「なんでスイカを育てさせてあげなかったの？」と言ったことに通じるところです。

　高槻双葉幼稚園の預かり保育の5歳児たちは、いろいろと工夫をして夏祭りのお店を完成させました。しかし、いきなりオープンするのではなく、5歳児だけでプレオープンをして、一度試してみたのです。そうして自分たちでお店の運営を試した後に、問題点を出し合って改善し、その後に3・4歳児の子たちにお客さんとして来てもらいました。この「何回もする」ということは、プロジェクトをする上で大切なことです。「続ける・深める」ところは、こうした繰り返しの中で生まれてきます。例えば何かを作ろうと思って設計図を描いたとしても、1回で終わるのではなく、みんなで話し合って何回も書き直すことが大切です。ある園で「恐竜を作ろう」と考えて

いたチームは、設計図を4回も5回も書き直して最終的な姿を決めていました。また、「どんぐり転がしを作ろう」と考えていた子どもたちも、最初は何が描いてあるかわからないようなものから出発して、次第に形になっていき、活動の後半では大人が見てもわかりやすいものに変化していっていました。このように、何回も繰り返し編集する・推敲する、といった活動は子どもたちにとって重要です。稲刈りなどといった、イベント的なものであったとしても、それを小さい組と一緒にすることによって2回目・3回目の経験をすると、子どもたちの理解度は格段に深まっていきます。「深める」ということは、「続ける」ことによって引き起こされるのです。

探究したものを表現する

　コロナ禍の始まった2020年、いぶき幼稚園のある5歳児クラスでは、子どもたちが新型コロナウイルスについて興味を持ち始めました。担任の北浦先生が子どもたちの気持ちを受け止め、年間通しての一大プロジェクトへと発展していきました。コロナウイルスはどこから入ってくるのか？　という疑問に対して、子どもたちが予想を立てていました。「目、口、鼻、耳、おでこ、手のひら、足、爪の間、おしり、おへそ」と、ともかく「穴が開いているところからしか入らない」のではないかと考えていました。目に見えないけどどんなサイズ？　ウイルスは小さいけど、お腹に入ってから大きくなる、など、いろいろな話し合いが行われていました。誰に聞いたらいいのか？　ということで先生方や保護者にアンケートをすることになり、60人近くの大人に聞いてみて、結果をまとめていました。また、ソーシャル・ディスタンスって何？　というところから、1メートルの棒（大人は2メートルですが）を肩に抱えていろいろなところを

巡り、男子トイレが近くて危ないのでは、という結論に達しました。それでパーティションを自分たちで作ることになり、男子トイレにお手製のパーティションができあがりました。アルコール消毒液も、どこに設置するかという議論になり、「ブランコのところは、必ず手でつかむから危ないよね」と、ブランコ前にも設置することになり、他のところも含めて自分たちで設置して回っていました。また、足踏み式のアルコール消毒台を作りたい、という子どもたちが、その構造を調べてきたり、保護者の方が精巧な模型を作ってくださったりして、自作することになりました。踏んでも戻るようにするためには、バネが必要であることを発見したり、いろいろと考えて作ったのでした。

　また、みんなを守りたい、という気持ちからマスクを大量生産してマスク屋さんをしたり、夏休み前に「コロナにかからないために」新聞を作成してこれまでの活動をまとめたり、啓発したりすることもしていました。年度の最後の方には、劇遊びとしてまとめて、これまでの活動を表現するようにしていました。劇の冒頭は安倍首相の緊急事態宣言で始まり、みんなに会えなかった寂しさや、早く会いたい気持ちを表現し、途中でマスク屋さんをしたことや気をつけたこと、活動したことを入れ込んで、最後は菅首相の緊急事態宣言で終わる、というものでした。子どもたちが年間を通して考え、試し、行動したことを見事に表現したのでした。この実践は、2022年度ソニー幼児教育支援プログラム「科学する心を育てる」優秀園審査委員特別賞を受賞されていますので、興味のある方は参照されると良いと思います。これは保育者が子どもたちの興味関心にとことんつきあって、最後まで続けて深めた結果としての実践です。探究したものを表現するところまでいくと、子どもたちの達成感や満足度は

高まります。そして自分たちでしてきたことを客観的に見ることで、やり遂げる気持ちというのが育ち、そのモードが最終的に大人になった時のその子の心もちを作っていくものだと信じています。

ドキュメンテーションのコツ

　協働、探究というと、レッジョエミリアの保育を思い浮かべる方もいらっしゃるかと思います。実際、小鳥の遊園地を作ったり、町全体を作ったりと、その実践に学ぶことがたくさんあります。レッジョの特徴としては、アトリエリスタとペダゴジスタが協働して保育を進めること、芸術的な表現を中心として、ドキュメンテーションを活用していることであるといえます。ドキュメンテーションというのは、探究的・協働的に活動を進める上で鍵になるアイテムだと思います。

　ドキュメンテーションのコツは、

> ●子どもが使える　●保育者が使える　●保護者が分かる

の3点です。何かを記録するときに、「子どもが使える」のが肝心です。記録といっても、ホワイトボードに自分たちの意見が位置付けられているだけでも意味があります。5歳児は文字だけでも構いません。4歳児の場合は、イラストと文字を併用するのも良いでしょう。ともかく、自分が言ったことが、先生が大切に書き留めてくれているのを目の当たりにするだけでも意味があります。そこに自分たちで決めたことや、調べたこと、発見したことなどが記録されていること、また次に何をしようかが書かれていることが大切なのです。それを見て、次の遊びや活動に向かっていくようにできます。

保育者が伝えたいことも掲示しておくのも良いかもしれません。
　「子どもが使える」ものは、そのまま「保育者が使える」ものでもあります。忘れないように記録しておくものでも十分！　です。子どもたちが何を言っていたのか、メモするだけでもいいのですが、そこに一人一人の思いや願い、思考のプロセスが記録できるのです。そうすると、次の計画をする時に役立ちます。ですから、きれいにまとめたものでなくても大丈夫です。どちらかというと、ライブ感があるのが一番だといえます。まずは子どもの話し合いや発見のメモ書きから始めて、そこからまとめていくのが良いと思います。書きやすさからいえば、ホワイトボードが使いやすいのですが、すぐに消えてしまったりします。その時は、ホワイトボードに書いたものを写真に撮ってプリントし貼っておく、スペースがなかったら重ね貼りする、といった工夫が必要です。ただ、視覚優位の気になる子がいたら、話し合いなどの集中するべき場面では視界から外すという配慮も大切です。シーツで覆ったり、立てかけておいて裏返す、といったことなどです。
　それらのメモ書きから始まったものを、今度はドキュメンテーションにまとめていくのですが、ドキュメンテーションを作るときに「保護者が分かる」を大切にしていきます。ドキュメンテーションだけでなく、お便りなどの文書もそうですが、活動の「ねらい」、「子どもの姿」、「育ったところ」を書いておくとわかりやすくなります。協働する力を育てるために、このような活動をしました。すると、役割分担などを話し合うことができるようになり、活動がスムーズにいくようになりました、といったことです。ひとまとまりの活動を書く時には、そのきっかけ、展開、課題をクリアした瞬間、子どもが育ったポイントなどを簡潔にまとめていくと良いでしょう。読

みやすさを追求したり、興味を持ってもらいやすくするためには、写真や吹き出しが多用されているといいかもしれません。

　いぶき幼稚園のわくわくフェスタに向けてのドキュメンテーションは、そうした子どもたちの考えや試行錯誤のようすがイラスト付きでわかりやすく描かれています。ジェットコースターを楽しんで欲しい、というクラスが考えたのが、プラスチックの線路をコースターのコースのように組み上げて携帯電話で撮影し、段ボールで作ったコースターに乗ってもらって、プロジェクターで映写したスクリーンを見てもらって、実際に乗っているかのように感じてもらうことでした。携帯で撮影した映像は、臨場感たっぷりで、本当に乗っているかのようでした。コースターも、時々お店の人が揺らしたりして、スリル満点の乗り心地になっていたようです。しかし、あまりにお客さんが多すぎて大混乱になってしまい、子どもたちは困ってしまいます。そこでいろいろと考えて、階段のところで待ってもらったり、順に案内をしたり、出口まで連れていったりと、役割分担をすることを決めていきました。それまでのプロセスがつぶさに描かれていて、子どもたちが真剣に取り組んでいるようすが伝わってきました。フェスタの際には、振り返りのようすも、そのまま伝わってきます。例えば、子どもたちが付箋を使って、よかったこと（青の付箋）、困ったこと・難しかったこと（ピンクの付箋）、どうすればいい？　改善策（黄色の付箋）を記入し、まとめていったものが掲示されていました。保護者の方が見ても、わかりやすいものでした。「店員さんが入るところにお客さんが入っていた」→「バーをつけて看板をつける」、「言っても出口にいかなかったから困った」→「困っている人を案内する」など、困ったことから解決策が考えられていることがよくわかりました。中には、スーパーボールすくい

のところで「ごみがべっとべとだった」という困り事があり、それに対しては「しかたがない…」というコメントがあって笑ってしまいました。子どもたちの試行錯誤の足跡は、そのまま見るだけでもその内容やプロセスを感じることができます。このように、子どもたちもドキュメンテーションの一翼を担う可能性があるということも考えると、より深まっていきます。高槻双葉幼稚園では、子どもたちが遠足に行った時には、写真をプリントして模造紙に貼り付け、自分たちで楽しかったことや面白かったことをまとめています。保育者だけでなく、子どもたちも自分たちがやってきたこと、思っていることを伝えたいのです。大人は、そんな子どもの気持ちを汲んで、支えていくことが役割だと思うのです。

プロジェクトを始めるにあたって考える10のことがら

これまで、プロジェクト型の保育の進め方について述べてきましたが、その際に私自身が考えていることを、10のことがらとしてまとめてみました。

- 子どもの一言ひとことを心に刻んでみる。
- まずは自分が興味を持つこと。
- みんなでしなくったっていい。
- 自分ひとりで解決しようとしない。
- 地域の資源は使いまくる。
- 園の資源も使いまくる。
- 小さな一歩から始めてみる。
- 仲間と、子どものことについて語り合う。
- 子どものことを信じて、任せる。
- 自分のことを信じて、未来を見通す。

この10のことがらには、プロジェクト型保育を考えるきっかけやコツのエッセンスを入れ込んだつもりです。これらをきっかけに、少しでも先生方の保育が面白くなるように願っています。

子どもの理解から保育を深める

子どもを理解すること

これまで、プロジェクト型保育を進めることで、主体的・対話的で深い学びが可能になるということを論じてきましたが、そういった保育を組み立てるには、まず子どもの理解から始めなくてはなりません。子どもたちと話し合ったりする際に、保育者はさまざまな困難に直面します。子どものことを考えて、その興味関心に寄り添ったとしても、集団生活をする上で、特定の子のふるまいが逸脱行動と思えるような様相を呈することもあります。そんな時、どのように考えていったら良いのかを、先生たちと探ってきました。そのうち、いくつかを例に挙げて掘り下げてみようと思います。

子どもの行動は、自分がやりたいことをするためにある

集団の中で、子ども同士のトラブルは当然のごとく発生します。特にある子が何かしたい時に、それを邪魔する勢力があるとすれば、全力でそれを排除するような行動に出る時もあります。ある園でA男はいつも周りとトラブることがありました。そんな時、どうしても手が出てしまい、結局先生が介入することになるのです。担

任の先生は悩んでしまい、どうするか考えあぐねていました。

　そこで、どうしてそういう行動に出るかを考えてみました。その子の行動を深く探っていくと、ともかく自分のやりたいことがあることがわかりました。単純な話ですが、例えばある園で、お片づけの時間になっても、積み木を片付けない、ということがありました。そのような事態が起きた時に、一度その子の気持ちを肯定する、というステップを踏むことにしました。まず、その子の遊びたい気持ちを受け止めるのです。いつもなら、何してるの？　早く積み木を片付けしようよ、と声をかけるところを、こんな風に言ってみよう、としたのです。

「A男君、積み木楽しかったね。もっと遊びたいけど、今日は片付けしようか。また今度も遊べるよ。」

　否定語から入って注意するのではなく、子どもの気持ちに寄り添った言葉を最初にかけるのです。注意したり促したりすることはするのですが、まずどんな気持ちだったかを言語化することを担任の先生は心がけてみました。すると、気持ちを代弁したことで切り替えが少しずつできるようになってくるのです。「あ〜、もっと（絵本を）読みたかったのに！　悔しい」と言いながら絵本を片付ける姿が見られるようになりました。

　それでも、事件は起こります。ある日、A男の大好きなピーターパンの絵本を読もうとしたら、K男が読んでいました。A男がK男に読みたいと言うと、H男が「次は僕やで」と言ったので、H男をパンチしてしまいました。A男の所に話をしにいくと、保育者に背を向け怒った表情で場を離れかけたのですが、先生はそれを引き留めて聞いてみました。「どうしてH男君にパンチしたの？」そうすると、「だって、ピーターパンの本、見たかったんやー」と言うと同時

あたらしい保育を創る園内研修とリーダーシップ

に声をあげて泣き始めたのです。「そう、ピーターパンの本が読みたかったのね。Ａ男君、ピーターパンの絵本好きだもんね」と先生は声をかけました。こうした関わりをしていくと、２週間も経てばその子から「〜〜したかった」という言葉が頻繁に出るようになりました。自分のしたいことを言葉にする手助けを、保育者がしたことになります。そうすると、解決策はもうすぐそこに来ています。

　しかし、まだ事件は続きます。またある日のこと、Ｋ男がシールを貼る絵本を見つけて読んだり貼ったりしているところへＡ男がやってきました。最初のうちこそＫ男は「一緒に貼る？」と言っていたのですが、他の子も加わって７人になると、Ａ男は「あ〜もう！全然回ってこーへんやん！」とシールをひったくるようになってしまいました。さすがに他の子もＡ男の自分勝手なようすに「もうしなくていいわ！」と言い、本人は孤立してしまいました。しばらくして保育者が拗ねていたＡ男を膝にのせ「どうしてみんな〜って言ったと思う？」と聞くと、「僕が優しくせえへんかったからや」と振り返って言ったのです。「どうして優しくしなかったの？」「だって、全然シール回ってこうへんから。」「一人になってどうだった？」「淋しかったわ…」これらのやり取りを通じて、本人は自分の行動の結果、孤立したことを理解し、孤独感を味わうことになります。

　しばらくして、Ａ男くんも少し落ち着いたかと思ったころ、また事件が勃発します。いろいろな遊びが発展したころ、男児が集まって、ゴムで鉄砲を作り、的当てゲームにして遊戯室で遊んでいました。盛り上がったＡ男は、保育室で主に女児らがケーキ屋さんをしているところへやってきて「ババババババ」と銃を乱射してしまったのです。それには女児たちもカンカン。クラスに戻っての振り返りの時間にみんなでその事件について考えることになりました。話し合い

で解決すべく、先生が尋ねます。「ねぇ、どうしたらいいかな」「あやまる」先生が「いやぁ、もうちょっと何かない？」と言うと、「手をついてあやまる」「本当にごめんなさい、って言う」と他の子たちからさまざまな意見が出ます。まるで家庭の中でそういった場面が繰り広げられているかのような子どもたちの返答に、先生もお腹の中で笑いをこらえていたのですが、最終的には「ケーキやさんではてっぽうをうたないでください」という張り紙を作って掲示することになりました。ここまでの話し合いで30分が経過していました。

　これだけの事件を起こしていたA男くんですが、周りが優しく接してくれていたので、遊びから排除されることはありませんでした。小学校高学年になった頃には、すっかり逸脱することはなくなり、幼児期に問題になっていたことを学校の先生方が信じられないくらい、しっかりと育っていきました。5歳の時の1年間、担任の先生はその子の行動は抑えても、本人の気持ちを受け止めることを続けていきました。ここで、「2つ前まで戻る」ということを考えていったのです。

　まずその子には「手や足が出る時の自分の感情に気づく」ということをしてもらいました。それは「保育者が代弁する」ことで実現していきました。もっと遊びたかったね、これがしたかったんだよね、といった言葉です。そして、さらに「その感情を言葉にすることができる」ように願いました。先生がそれを言葉にするお手伝いをすることで、「他の子にそれを聞いてもらう」ことができるのです。そうすると、クラスの中に「その子がそういう行動をするのには、何かをしたいという気持ちがあるからだ」という理解を促し、「罪を憎んで人を憎まず」という精神を浸透させられるようになってきます。最終的には、「解決策を提示し、納得してもらう」ように導いて、本

人が見通しを持てるようにしました。

　そして「2つ前に戻る」ですが、逸脱行動など好ましくない行為があった時に、まずそれを止めることは必要です。「それは良くないね」「人を叩くのはどうかな？」と制止するのです。その上で、「何がしたかったの？」とその動機を探ることをします。わかっていれば、「こうしたかったんだよね」と言えば良いのですが、それに慣れてきたら、自分で言えるようにするのです。

その子の行動に目がいく	➡「それは良くなかったね」
その行動の動機を探る	➡ 1つ前「何がしたかったの？」
その子の好きなことを認める	➡ 2つ前「〜〜が好きなんだよね」

　最終的には、さらにその前の本人のありようを認めていきます。例えば「ピーターパンの絵本がが好きなんだよね」「〜〜についてよく知ってるものね」「〜〜が得意だものね」と、その子の人となりを認め、価値づけることをしていきます。そうすると、本人自身が、自分の価値に気づき、それに相応しい行動をとるようになっていきます。誰しも、子どもの行動の最初の動機は純粋であり、ポジティブなものである、という信念を保育者は持つべきであると思うのです。そうすると、子どもたちは健やかに育っていきます。でも、そういう対応をしたからといって、急に「いい子」になるわけではありません。毎日、毎日トラブルを起こしながら、その度に保育者が関わることによってしか、育つことはできません。そのペースも遅々たるものですので、担任がその成果を見届けることができないこともあります。たまたま縁があって、私はその子の成長した姿を見る

ことができましたが、それは幼児期に先生が真摯に向き合って関わった結果に違いない、と信じるに足る事例であったのです。すぐにはよくならないかも知れないけれど、いつか保育者の関わりが届く時が来る、と先生たちには伝えているのです。

子どもの行動は、時として真意が隠れていることがある

　日々保育をしていると、他にも、いろいろな悩みごとが出てきます。よくある相談の1つに、子どもたちが他の子のことを言いつけにくる、というものがあります。「先生、誰々がまだ〜〜してません！」「先生、誰ちゃんがこんなことしてくる」こうした言いつけ魔やチクリ魔は、保育をしていく上でよく見かけます。では、その真意にどこにあるのでしょうか？　そんな時は、クラスの雰囲気や、その子の立ち位置などを考えてみると、その構造が見えてくることがあります。まず見てみるのは、先生が子どもたちの生殺与奪を一手に引き受けていないでしょうか、ということです。全ての評価を先生がしている場合、子どもたちが自分の自尊心を高めるにはどうしたらいいでしょうか？　一番お手軽な方法は、他の子を落とすことです。特に、カリキュラムや活動の内容が、決まったものになっている場合です。ワークブックをしていたり、同じような作品ができるような製作をしていたりすると、結果が上手い・下手になってしまいます。小学校などでも、文字の練習や計算問題など、ここまでできて当たり前の活動が多いと、子どもたちは自分を発揮することができません。「2つ前に戻る」の事例のように、その子の人となりを認め、価値づけることができないと、子どもたちの自尊心や自己肯定感はなかなか上がらないのです。そうすると、一番簡単な自己肯定感を上げる方法が、他を貶めることなのです。それを少なくし

ようと思えば、その子の価値を認めたり、お互いに認め合ったりする活動を増やせば良いと考えます。言いつけ魔のことについて相談してきた先生に、「何かグループで楽しそうなことできないかな？」と聞いてみると、「今度、すごろくを作ってみようと思うんです」という答えが返ってきたので、グループごとにすごろくを作って、それをお互いに褒め合う活動をしてもらいました。子どもたちは楽しそうに取り組んでいたので、若干ではありますが、言いつける頻度が減ったそうです。そうした行動は、簡単に無くなりはしないのですが、少しずつ「自分の価値を自分で認める」ということができるようになれば、いずれ必要なくなるのではないかと思うのです。そのためには、お互いに良いところを探し、認め合うようなクラス運営が大切です。あるクラスで、女児同士のいさかいが多いところがあったのですが、そこもまず先生が一人一人の良いところをタブレットで姿を見せながら、「こんなに優しいことをしてたね」「こんなにじっくり作ってたね」と褒めることを毎日続けてみたら、トラブルが減った、ということもありました。子どもも大人も、自分が認められると嬉しいですし、そういう言葉をかけられることによって、自分自身で自分の価値に気づくようになれば、あとは協働的になっていくしかないのではないでしょうか。そうして幸せへと近づいていくのです。

先生が困る子は、本人が一番困っている

　時折、子どもたちは困った行動をとることがあります。その時、大人は「困った子」と感じるのですが、実はその子本人が一番困っているのです。いじめが起きた際には、被害者に支援をすることは思いつくのですが、いじめの加害者にこそサポートが必要である、と

よく言われます。先のＡ男くんの事例にもあったように、困った子こそ大人の温かい支援が必要なのです。

　これはある園の預かり保育でのお話です。保育中になかなか落ち着かない子がいました。落ち着かない、というのはどこでもあるお話ですが、先生たちはどうしようかと悩んでいました。長い時間、園で生活をしていると、落ち着かなかったり、ちょっとふざけたりしてしまいがちです。そんな状態の子どもたちに「落ち着いて！」などと言っても聞けるようなものではありません。こういった落ち着きのなさというのは、環境がそうさせていることが多いのです。

　そこで、こうした行動に出るのは、きっと何か不満だったり、自尊心が高まらない何かがあったりするに違いない、と考えました。そこで、ある作戦に出ることにしました。その男児が抱えているモヤモヤと、不満をなんとか解消するために、その子が「やってよかった」と思える活動を企画することにしたのです。なんらかの課題を持っている子には、他の子から「ありがとう」と言われるようなことをさせよう、ということを常に考えているのですが、今回も何かないかな、と先生たちと相談をしてみたのです。たまたまその子たちはまだ４歳児だったので、卒園間近の５歳児を送り出すための何かをしてもらおうと思いました。まず、中心になれそうな子と、その子についていきそうな子を組み合わせて、ポップコーンの種を買いに行ってもらうことにしました。そして、園に返ってまず試しに少しクッキングをして、自分たちでポップコーンを試食してもらいました。園外に買い物に行くだけでも、プレミア感があって、心踊ります。その上で、「これはいける。いいプレゼントになるね！」となってから、他の４歳児に提案し、みんなでポップコーンのプレゼントを作ることにしました。その企画の発案を任せることによって、

みんなから認められ、さらに5歳児たちからも「ありがとう」と言われるようになったのです。その後、5歳児クラスに進級してからも、預かりの時間にお祭りを企画する側になり、リーダーシップを発揮するようになりました。そうしていくうちに、預かり保育全体で子どもたちが落ち着いて生活できるようになっていったのです。

　他のいろいろな園でも、クラスの中で、乱暴だったり、疎まれたりする感じの子にとっては、他の子どもたちからの視線が冷たくなってしまうこともあります。その雰囲気を感じると、おそらく誰しもモヤモヤしたりむしゃくしゃしたりするのではないでしょうか。問題行動を制止することは簡単ですが、それが効果的に行動を消すことにはならないと思います。却って、問題を先送りして、より深刻な事態になることすらあります。問題行動の根本原因を突き止めれば、それにアクセスする方が容易ですし、効果が持続するのではないかと考えられます。いけないことをやめなさいというよりは、その子の心もちを前向きにして、自己肯定感を高めれば、永久的に行動がプラスのものになっていくのです。

心に穴があいている時は、人に与えることでしか埋めることができない

　いろいろな課題を抱えた子どもたちに会うことがあるのですが、心に穴があいている子などは、それを埋めることは容易ではありません。愛情不足であったり、ものごとを否定的に捉える癖があったりするのですが、そういった場合に私たち大人は何ができるのでしょうか。まずは、ぎゅっと抱っこしたり、よしよしとなぐさめたり、少しでもその子の心が癒され、満たされるように関わることは基本です。信頼のおける大人に受け入れられている、と感じること

は、そういう子どもたちにとって大切なことです。
　それでも、その穴がなかなか埋まらないことがあります。これは別の園でのお話ですが、3歳児さんで気になる女児が2人、目につきました。なぜかわかりませんが、そんな時にお母さんの性格や、その子が小さい頃にショックな出来事があったのではないかというイメージが浮かんでくることがあります。あとで事情を聞くと、まさにその通りだったのですが、なかなかその穴を保育者が埋めるのはたいへんではないか、と感じたのです。そこで、先生方に「心の穴を埋めるのは、自ら与える側に回ることでしかできない」ということをお伝えしました。そのためには、その2人が作っていたドーナツをもとに、ドーナツ屋さんを開いてもらい、お客さんに喜んでもらう経験をしてみたらどうですか、と提案してみました。その時、他の子がその面白さに気づいて入ってこないように、細心の注意を払ってくださいね、とお願いしておきました。その後何か月か経って、再びその園に行ってみると、その2人は前のようすが気にならないくらい安定していて、心が癒えていたようでした。小さな子どもたちにとっても、与える側に身を置くことで、自分自身の傷が癒えていくことがあるのです。それがお店屋さんだったり、プレゼントを考えて作り、渡すことであったり、あるいは異年齢交流で年齢が下の子をお世話することであったりするのです。そうした活動によって、自らの存在価値が上がり、生きていることの意味を見出していきます。他者と関わり、その人が成長したり喜んでくれたりすることが嬉しい、と感じる活動を考えていくことが大切であると思います。

情報をめぐらせること

　保育の組み立てを考える上で、参考にしてきたのが情報教育です。10の姿の「社会生活とのかかわり」の中で、以下のような文言があります。

> 「遊びや生活に必要な情報を取り入れ、情報に基づき判断したり、情報を伝え合ったり、活用したりするなど、情報を役立てながら活動するようになる」

　ここに小学校以上の教育における情報教育の考え方が入れ込まれています。情報活用を幼児のうちから身につけさせる、ということです。前提としてあるのが、情報の価値とは、一人一人が違ったものを持つ、ということです。同じニュースを報道しても、あまり差別化は図れません。あまり好ましい使われ方はしないこともありますが、スクープと言われるものは、他の誰もまだ入手していない情報を得た時に称されるものです。何か人の話を聞こうと思ったときに、自分の知らないことを知っている人の話の方が面白いのです。ですから、子どもたちには違ったものを取材させたりします。

　例えば、お店屋さんごっこをする際に、いろいろなお店をしたい、と子どもたちは考えます。ある園では、美容室、お寿司屋さん、歯医者さん、ペットショップ、焼きそば、パン屋さんといった案が子どもたちから出てきました。子どもたちは「限りなくホンモノに近いニセモノ」に惹かれる傾向がありますから、先生たちはグループごとにお店見学に行くことにしました。この時に、「全員で行かない」のがポイントです。もしみんなで行ってしまったら、同じ情報を得ていますから、何か発表したとしても「つまんない」ものになってし

まうのです。ですから、子どもたちとしては「自分たちの」お店のために行くことでモティベーションも上がりますし、興味のあることですから真剣に取り組みます。2週間ほどかけて、交代しながらお店見学をしたのですが、歯医者さんチームを誰が連れていくかで先生の間で揉めたことがあります。そのチームに集まったのは男子ばかり、見学に行ったら、いらないものを触って「ガッシャーン」といった事態が想像されるメンバーでした。手が空いていると、何か触ってみたくなるのが子どもの気持ちです。そこでアクシデントを最低限にするために、その時はメンバーにいろいろ持たせていきました。カメラ、メモ帳など。5歳児と4歳児の混合チームでしたので、文字が書けなかったりする子はトイレットペーパーの芯でマイクを作って持っていきました。行ってみると子どもたちは真剣に歯医者さんの説明を聞いていて、先生たちの心配は取り越し苦労に終わったのでした。興味関心があることであれば、子どもたちは真摯に取り組みます。つまらなかったり、興味がなかったり、時間を持て余していると、好ましくない行動も出てしまうのですが、子どもたちの気持ちがどう動くかを考えれば、たいへんなことは少なくなると思った方が良いのです。

　自分たちで情報を集めて作ったお店屋さんごっこは、大人が感心するような工夫が満載でした。お寿司屋さんはカウンターに冷蔵庫があり、後ろには九谷焼のお皿が飾られました。歯医者さんには、受付に診察室が2つ、レントゲン室があり、診察の際はドリルとバキュームが出てきていました。パン屋さんでホットドッグの温めを頼むと、店員さんが「熱いのでお気をつけください」と丁寧に対応してくれました。言葉が豊かに使われているのが感じられる活動でした。

　情報というのは、高いところから低いところへと流れます。もし

みんなが同じ情報量を持っていたとしたら、コミュニケーションの必要が無くなってしまうのです。小学校や中学校での英語教育の中で、タスク活動と呼ばれるものがあります。そこでは、インフォメーション・ギャップを設定して、そこで会話が行われるように活動を組んでいきます。同じように、子どもたちの間に情報の差があれば、他の人の話を真剣に聞く態度が期待できます。情報源が違う、意見が異なる、知らないことを知っている、というのは子どもたちの主体的なかかわりを促すのに大切な条件なのです。そこから、「話すことって面白い！」と感じれられるようになって欲しいですし、何よりも子どもたち一人一人が、自分の興味関心に自信と有用感を持つことが大切だと考えるのです。しかも、他の子の興味関心にも価値を見い出し、尊重する姿勢が生まれます。そうすると、お互いの間で情報が巡っていって、みんなで楽しい活動ができると思うのです。

　お互いの興味関心を尊重するような雰囲気を作るには、まず保育者が子どもの思いに気づいたり、興味関心に心を寄せることが大切です。よく研修で、先生方に「今、自分の中で流行っているものは何ですか？　お隣同士で話し合ってください」というワークをしてもらいます。何でも良いのですが、お互いの話を聞くことで、自分の知らない世界が開けたり、あるいは共通するものが見つかったりします。これまで同じ仕事をする同僚であったのが、個性を持つ人として認識されてきます。同じように、子どもたちに自分が好きな遊びやものごと聞いてみると、お互いの理解が深まってきます。大人の場合は、そこから４人のグループになってお相手の話されたことを紹介しあうことをしてもらいます。その上で、４人の中で一番面白かったことを全体で発表してもらい、そこから「では、それを10の姿で説明するとどうなりますか？」と振ってみます。すると、

何気ない日常で経験していることや趣味のことなどが、深い学びへとつながっていることが理解できます。

　同じことを講師vs.受講者全員ですると、なかなか意見が出てきません。まず、大勢の前で手を挙げて発言するのは、心臓が飛び出るほど緊張するものです。子どもたちも同じです。遊びや1日の振り返りをする時に、先生対クラス全体で話を進めてしまうと、話す子はたくさん話してくれますが、他の子はじっと黙ったまま、という光景がよく見られます。そうすると、それぞれの子どもがどれだけの会話量を積み上げてきたか、1年経った頃にはどのくらいの差がついているのでしょうか。そのことを考えると、一人一人にある程度の会話量を保障しようと思うと、異なった方法を考える必要があります。そこで、先ほどのペアトークから始める方法をとってみましょう。3歳児ですと、どうしても先生に聞いてほしい気持ちの方が大きいので、クラス全体で話し合う方が良いのですが、4歳も後半になってくると、ペアで話すことができるようになってきます。相手の話をクラスの前で紹介できるようになるのはそのうち3分の1ほど、あとの3分の1は先生が助け舟を出してあげるとできるようになります。どうしても難しい子は、先生が丁寧に聞くことで、自分で話せるようになってきます。

　2人で話した次には、4〜5人で話してみます。グループの名前を決めたり、何かについて選択したりして、1つの意見にまとめる、といった活動が楽しいでしょう。そこから、グループごとにクラスの前で意見を述べるといったことができるようになってきます。こうして、一人一人の意見から、情報を巡らせることができるようになってくるのです。意見や情報が異なっていればいるほど、情報の交流は面白くなってきます。興味関心がバラバラだったところか

ら、小集団での遊びや活動ができてきて、そこで何をしていたか、次にどうしたいかを話すことで、クラスの中でお互いのしていることに興味関心が湧いてきます。そうすると、一人の情報がみんなの情報になるのです。

　先ほど述べたお店屋さんごっこの事例などに見られるように、同じ大きな目標に向かって、異なったグループがそれぞれの得意分野について追求し、その情報を全体で共有していく学習方法があります。エリオット・アロンソン（Elliot Aronson）が開発した「ジグソー法」と言われるものです。クラスをいくつかのグループに分けて、それぞれテーマを決め、そのテーマのエキスパートとして学習を進め、最後に共有する、というステップは、幼児のグループ活動に最適であると思われます。特に、子どもたちの興味関心に多様性がある場合はより効果的であると考えられます。コンサートごっこをするのに、手作り楽器を作って演奏する子、チケットを作成して配る子、物販や飲み物などを売る子、会場の整理係になる子、などさまざまな役割があると、音楽だけが選択肢である場合より、はるかに柔軟に子どもたちの興味関心に合わせることができます。そうすると、つまらない顔をして参加する子たちが減るか無くなるかするので、活動としても盛り上がるわけです。

　ここで大切なのは、子どもの経験というのは、全てをおしなべて、広く浅くするよりも、自分の興味関心に沿って深くする方が心に残る、ということです。発達に課題がある子どもに対しても、他の子と同じような経験をたくさんさせるというよりは、自分の好きなことをして集中する時間が少しでも長くなる方が良いと思うのです。これは、ベルギーの「経験による教育」の中から生まれた「保育の質自己評価スケール（SICS）」の考え方に通じるものです。ベル

ギー・リューベン大学のラーバース先生ら[1]によって開発されたSelf-Involvement Scale for Care Settings（SICS）は、安心度（Well-being）と夢中度（Involvement）から子どもの活動を評定し、なぜその評定になったのかを保育者同士で議論し、保育を具体的に改善しようとするものです。そこでは、子どもがいかに集中して遊び込んでいるかに着目し、遊びや活動に深く関わっていれば、学びの質が高いということである、という理論に基づいています。教育方法や活動の中身ではなく、そのプロセスを評価することで、子どもの「今、ここ」に生きる姿をとらえようとしているのです。そうすると、活動の中身やできあがった形などは問題ではなく、子どもがいかに集中して取り組んだか、それが楽しく、生き生きとして関わっていたか、が重要であることがわかります。話し合いや振り返りをする際に、情報の中身ではなく、それが新しくて子どもの興味関心を引くものであるか、それが子どもたちの間で意味ある循環を生み、巡っていくかが大切なのだと思うのです。

協働すること

　一人一人、個別の興味関心だけでは、社会生活は成り立っていきません。自分勝手に何かすることで、満足は得られないのが人間です。子どもたちも同様に、3歳のうちは思い思いに遊んでいるのですが、だんだん4歳になってみんなと遊ぶ喜びを感じるようになり、5歳になると意見を出し合って何かを成し遂げることに嬉しさを覚えるようになります。これから大人になって、指示通りに淡々と仕事をするのではなく、自分の考えを出していくことが求められてきます。

　協働することについては、5歳になるとしぜんにチームになったり、仲間と何かをしようとします。ある園で、5歳児の先生に何が

流行ってますか、と聞いたところ、紙飛行機を飛ばしている子たちがいます、と答えが返ってきました。そんな時にどうやったらその子たちの活動が活発になるか？　を考えてみました。そのためにはどんな環境や素材を準備したら良いでしょうか。いろいろな紙の素材、紙飛行機の折り方が書かれた本、あるいは動画でよく飛ぶ紙飛行機の作り方を探す、など多様な方法が考えられます。その上で、「できれば30メートルくらいが測れるメジャーと、電卓を用意しておいてください。きっとチーム戦になるでしょうから。」とお伝えしておきました。それを、子どもたちが必要だな、と感じたところでタイミングよく出してくださいね、ともお願いしておきました。何か月か経って、もう一度園を訪問してみると、やはり子どもたちはチームで紙飛行機を飛ばす競争をしていました。「どうやったらよく飛ぶか？」「チームで飛ばす時のルールは」などの張り紙がしてあり、その下に置かれた電卓の横に、チームの成績が書いてありました。13m40cm、7m30cmなどと書かれたところの下に、それを合計した（メートルの部分のみの足し算でしたが）結果が書かれていました。「今は自分たちでは計算できないけど、電卓があると足すことができる。学校に行ったら、自分の頭で計算できるようになるからね」と伝えてもらいながら、足し算ができるという感覚をもってもらおう、と計画したのでした。

　これが4歳児だったら、みんなで折り紙をして紙飛行機を作り、遊戯室にビニールテープでラインを引いて、せーので飛ばしていたことでしょう。5歳児と4歳児の違いは、そういうところに現れてきます。5歳児になると、リレーや鬼ごっこなど、チームで競うことの面白さを感じるようになりますし、それが協働して活動することへとつながってくるのです。4歳から5歳へと育つにつれて、そ

ういった質的な変化が子どもたちの中に起こってきます。その育ちに合致した支援が必要になってきます。

「お友達と仲良くしましょう」は通用しない
　5歳児になるとしぜんに、友達と協力して何かを成し遂げる、ということに喜びを見出すようになってくるのですが、これを大人から押し付けてしまうのには違和感を感じてしまいます。「お友達と仲良くしましょうね」と言われても、好みの合わない子と一緒には活動したくありませんし、何かするたびにダメ出しされるような関係性の中では、遊びも深まりません。「誰となら協力できるか？」「誰となら学びが深まるか？」というのは、子どもたちのようすを見ながら考えなくてはならないと思うのです。
　よくあるグループの組み方としては、まずリーダーになれそうな子をそれぞれのグループに配置し、その子に手伝って欲しい子をそこにぶら下げ、真ん中くらいの育ちの子を適当に埋めていく、といった方法がとられます。これは幼児期でも、小学校でも、よくあるパターンです。そうすることで、スムーズにことが運びます。先生の指示が各グループに均等に伝わり、それぞれのグループで自立して活動できる確率が高まります。
　しかし、ここに落とし穴があります。この体制でものごとを進めていくと、リードする子はいつもリードし、サポートされる子はいつまでたってもサポートされっぱなしになるのです。いわば格差が固定化し、その子の立ち位置が不変のものになってしまいます。その上で、同じような課題を与えられてこなしていくと、その格差はさらに固定化します。「同じことをさせると格差になる。違うことをすると個性になる。」と先生方にはお伝えしているのですが、この縦

のグルーピングをすることによって、その格差がグループ内で不動のものになってしまう危険性をはらんでいるのです。

　これを、横の関係性にすることによって、格差ではなく、誰もが輝けるチャンスを得ることができるのではないかと考えました。あまり話すことが得意ではない男児のグループや、おしゃまさんばかりが揃った女児のグループ、自己主張の強い子ばかりのグループや物静かであまり自分の意見を出さない子ばかりのグループなど。こうしたグルーピングは、始めの頃こそカオスのような様相を呈しますが、そのうちに中身がこなれていくのです。

　ある公立の幼稚園の5歳児で、こうしたグルーピングを試してみたところがありました。その担任は私の教え子でしたので、こんなグループを作ってみたら？　と提案しておいたのですが、それを徹底的に試してくれたのでした。それを一時期ではなく、5月のこいのぼりの共同制作から始めて、2学期が終わるくらいまで、ずっとそのグループで活動をしたのだそうです。案の定、自己主張の強めのグループは、制作する最初からつまずいていました。ベースの色、ウロコの形、色の塗り方などを決めるのですが、ベースとなる画用紙をもらいに来た子が、後ろからグループの子に止められ、「まだ決まってないじゃないか！」と引き戻されたり、といった姿がありました。そのグループは最後まで揉めて、なかなか製作ができなかったそうです。

　一方で、自分の意見をなかなか言わない子ばかりのグループも、どれにするかを誰も言い出さずにしばらくじっとしていたようです。しかし、効果が最初にあらわれたのは、このグループでした。2週間くらい経つと、次第に自分の意見を言えるようになり、最終的には意見の言い合いでなかなか決まらなくなるほどまでに自己主

張ができるようになりました。

　最後まで効果があらわれるのが遅かったのが、自己主張が強いグループでした。やっと「俺、それでいいわ」と言えるようになったのが、11月も深まった頃だったそうです。半年もかかって、ようやく他者と折り合いをつけられるようになったのですが、そこまで根気よく先生がこのグルーピングを継続されたなぁ、と感心したのを覚えています。ずっと同じグループで活動するため、あらかじめご家庭にも説明をした上で行ったということでした。自己主張強めのメンバーのご家庭は「ああ、そうでしょうね、うちの子」と納得されていたようで、きっとお家の中でも困られているんですね、と先生がお話されていました。どの子にとっても、この活動はかけがえのない経験だったと思います。

　小学校でも、同じように縦と横のグルーピングを試してみたことがあります。3年生の電気の通電実験で、鉛筆や定規、ハサミ、鉄製の筆箱やプラスチック製品、中にはビー玉などを混ぜて、どれが電気を通して豆電球がつくかを試してみる授業です。2クラス混合にして、理解度を軸に縦に4名ずつグルーピングしたものと、横に4名ずつグルーピングしたものの両方のパターンを試してみたのです。すると、理解できている子からあまり理解のできていない子を揃えた縦のグループでは、一番理解が進んでいる子が会話の半分以上を占めている一方で、他の3名が残りの半分を分け合って話していた、という結果になりました。その反面、同じ理解度の子どもたちを4名揃えた横のグループでは、4人が25％ずつの会話量を均等にしゃべっていることがわかりました。積極的な参加という面では、横に分けた方がより効果的であること、情報を伝達するという点では縦に分けたほうが効率的であることがわかったのです。主体性を

伸ばす、という点では、同じような力量と性格、興味関心があることが大切である、という結果だったといえます。教え合ったり、伝え合ったりという時には、理解している子がまだ理解していない子を支えるというのが良いのですが、同じ興味関心やレベルでの活動もバランスよく組み合わされているのが理想的であると考えられます。

　幼児の協働的な活動を考える時には、興味関心が合っている方が良いと思われます。お店屋さんごっこをするにしても、何かを探究するにしても、射的屋さんがしたい、という子と、ダンスやアイドルショーをしたいという子はなかなか混じり合いませんし、虫が好きなのか、クッキングがしたいのか、というのも同じグループにはなり得ないかもしれません。やはり、その子たちが興味があって、自分たちで話し合ってできるチームになった方が、より学びも深くなると思います。時には、気になる子や課題を持った子が集まってしまうこともありますが、それを敢えてすることで、より深い子どもたちの育ちが見られるのです。子ども同士がぶつかり合うことも多々ありますが、ぶつかり合って向き合うことでしか、その子たちは育つことができないのです。大人が余計な介入をして、面倒なことが起きないようにしてしまうと、子どもたちから学ぶ機会や育つ機会を奪ってしまうことになります。かといって、解決ができない場面を放置しておくのも、子どもたちから達成感や満足感を失わせる結果になりますので、適当な支援や援助というのは不可欠です。先生方と考えたり悩んだりするのは、そのバランスのところです。3歳は全面的に先生が環境を整え、一緒に遊ぶ。4歳は子どもたちのやりたいことに合わせて、少しずつスキルの獲得ができるように素材や技術を教えながらいく。5歳になったら、今までの経験を組み合わせて協働できるように、なるべく介入を控える。どの場面に

おいても、子どもの主体性を損なわないよう、でも伝えるべきは伝える、という姿勢が必要なのです。その際に、子どもたちがどの仲間とともに歩んでいくかが大切だと思うのです。

　その上で、子どもたちにはお互いに支え合うことの大切さを伝えたいと思っています。困った時に「困った」「助けて」と言える関係性が重要です。学級づくり・集団づくりをしていく上で、「できないこと」「失敗すること」はマイナスにはなりません。自分ができない、と思ったことをどう他者に支えてもらうか、また失敗したことを周りがどう捉え、どう支えていくかが鍵になります。ある小学校の高学年の先生に、子どもたちにどんな力が必要ですか、と尋ねた時に、「援助希求」と答えてくださいました。誰に対しても、助けて、といえる学級を目指しています、と言われたのです。その先生の授業中の発話を記録して分析してみると、褒めたり、認めたりといった「支える」働きの言葉が発話の６割近くを占めていました。逆に、指示命令といった言葉は全発話量のうちの４％しかありませんでした。小学校５年生の授業の中で、たった４％しか指示をしていない、というのは驚異的でした。先生の口から出る言葉の３分の２が褒めたり、認めたり、支えたりのもので、子どもたちが学びに向かっている姿が他の学級のようすとは異なっているのです。何かを失敗したり間違えたりした時に、周りがそれを包み込んで支えているというのが、なんて幸せな集団だろう、と思うのです。一部のクラスや園では、間違ったことをあげつらって、蔑んだりする雰囲気が見られることもあります。活動をする上で、改善に必要な指摘は大切なのですが、指摘することで自分の自尊心を上げようとする雰囲気は崩していかなくてはならないと思うのです。大人であっても、子どもであっても、集団として機能する時に支え合う関係性である方が、そ

こにいるメンバーにとって幸せな場となるのです。リーダーシップのあり方や、集団としての雰囲気というのが、主体的で対話的な保育を進める上で非常に重要といえます。

　本書の３つの園では、職員間の関係性や、リーダーのあり方についても、それぞれの園長先生がいろいろと考え、試しながら運営しています。それは保育のあり方や子どもの理解とともに、保育者の理解やあり方について真剣に考えてのものなのです。次には、主体的で対話的な保育を支えるリーダーシップについて考えていこうと思います。

分散型リーダーシップと保育の改革

主体的な保育とリーダーシップ
＊リーダーが学ぶこと
　これまでの事例で見てきたように、園の質を高めるためには、まずリーダーがどれだけ学んでいるかまた何を目指しているかをはっきりさせていることが大事です。実際、亀山先生や岡部先生、阿部先生らは、常に自園の保育のあり方について学び続けることをされています。園の運営を考えたときに、参考となるのが分散型リーダーシップの考え方です。

　民主的で先進的な組織をつくる、という点で考えた時、イギリスのシラージたちが述べているような分散型のリーダーシップ[※2]を園の中で発揮できるようにすることが、これからの園運営にとって

大切です。彼女らによれば、分散型のリーダーシップとは以下の４つに分けられます。

> - 方向付けのリーダーシップ
> - 他者を力づけるリーダーシップ
> - 協働的リーダーシップ
> - 教育のリーダーシップ

　この中でトップリーダーとして大切なのは方向付けのリーダーシップと他者を力づけるリーダーシップです。園の設立の理念や教育理念保育方針など基本的なことはトップリーダーが示すことが重要です。本書の３人の園長先生たちはそれぞれの理念を持ち自分の園の子どもたちがどのように育ってほしいかというイメージをはっきりともっており、その上で園運営を考えています。それでは、園長先生たちが考えている方向とはどんなものでしょうか？

＊リーダーが願うこと（方向付けのリーダーシップ）
　例えば高槻双葉幼稚園の岡部先生は、環境を整えることからはじめました。環境が子どもにとって魅力的であることが子どもたちのやりたい気持ちを育むと信じて積極的に環境を変えてこられました。子どもたちが自由に遊ぶことができるように周りを整えたことでやる気や主体性がはぐくまれたといえます。七松幼稚園の亀山先生は、新園舎への移行をきっかけとして、遊びの環境を整えたり、行事の計画を見直したりすることで、子どもたちが活動にじっくりと主体的に取り組めるように全体を組み変えてきました。特にICT機器を導入することで業務の効率化だけでなく子どもたちの活動の幅を豊かに広げるようにしてきました。またいぶき幼稚園の阿部先

生は、保育者自身が主体的に保育ができるように、チームビルディングに力を注ぎ、先生たちが自分のやりたい事をできるように職場の雰囲気を整えてきました。そうすることによってミドルリーダーが育ち、今では各年齢やチームの中でほとんどのことが計画され決定されるようになりました。園長先生のところに来るまでには、ほぼ大筋が決まっているようになっています。八木先生の言われていることを見ると、ミドルリーダーの先生たちが園の運営や保育の計画について、有能感を持ち自分ごととして真剣に取り組んでおられるのがわかります。こうしたミドルリーダーの姿は３園に共通して見られることであり保育の質を高めるに当たってミドルの育成が必要不可欠であることがわかります。

＊ミドルリーダーを育てること（協働的リーダーシップ）

　では、ミドルリーダーを育てるのはどのようにしたらよいのでしょうか。先ほど挙げた分散型のリーダーシップについてトップリーダーはよく理解しておくことが必要です。リーダーシップというとトップダウン型のリーダーシップが思いうかべられますが、分散型のリーダーシップでは、それぞれのメンバーが主体的にリーダーシップを発揮するというのが理想の形です。主任や主幹などの上のメンバーだけでなく、新人も含めてそれぞれがなんらかの責任を持ったり、イニシアチブを発揮するなど、組織や園のために役割を果たすことが求められます。園長先生や副園長先生だけでなく、主任や学年主任など、ミドルリーダーが率先してチームを組織し、子どもたちのことや保育の方向性について考えることを示していかなくてはなりません。またトップリーダーは、園の中に年齢別集団やミドルリーダーのチームなど、小さな集団が自立して機能するように

全体の運営を考える必要があります。本書に出てくる3つの園は、それぞれチームで話し合うことが多く、自分たちで保育や行事を作っていこうとしています。
　いぶき幼稚園では、全体の園内研修の最初の部分では、今日の気分を話したり、今興味があることを話したりするなど、チェックインやアイスブレイクの部分を大切にしています。そのような最初の全体の指示は園長先生がされますが、そこからはミドルリーダーがイニシアチブを取っていきます。年齢ごとやチームごとの話し合いの場面は、若手もベテランも同じ立場で発言ができるような雰囲気ができています。ミドルリーダーを育てるという時に、チームビルディングの方法をトップリーダーとミドルリーダーが共有していることがわかります。ミドルリーダーには園長先生から保育の理念や園の方向性など、しっかりと話がされていて、同じ立場や視点に立って園運営が進めてられていることがわかります。
　このような雰囲気にもっていくためには、お互いの関係性が対等であることが必要ですし、それぞれのメンバーが有能感を持つことが大切です。そこで他者を力づけるリーダーシップが重要になってきます。

＊認め合う雰囲気と成長を促すシステム（他者を力づけるリーダーシップ）

　分散型リーダーシップの中で鍵となるのは、他者を力づけるリーダーシップです。これはチームの雰囲気を良くするだけでなく、自律的に働くメンバーを育むためには必要不可欠です。保育者というのは、基本的に自分たちの実践が本当に合っているのか常に不安に思うものです。保育という正解のない営みに確証が持てないのは、みなさんも理解できるのではないでしょうか。子どもたちに対する

発言や、活動の進め方など、もっと良いやり方があったのではないか、と常に悩んでしまいます。研修講師のような外部者の役割は、先生方のされている実践を認め、意味づけることがもっとも大切なことだと思っています。

　同じように、トップリーダーやミドルリーダーは、先生方ひとりひとりが日々保育の中でされていることに対して、認めたり、意味づけたりすることが求められていると言えるでしょう。自分の保育が認められたり、それで大丈夫とお墨付きをもらったりすると、明日からも保育を頑張ろうという気持ちになります。また、小さなことでも役割を持つことで、自分は何かを成し遂げられるという自信を持つことができます。このような気持ちになるのは、決して先生方が自分たちだけで出来るものではありません。リーダーや外部の人間が支えることで、初めて成し遂げられるものです。

　これまでのように、トップダウン型のリーダーシップでは、正解に向けて努力したりできたりすることが褒められていました。しかし、分散型のリーダーシップでは、自分で考えて行動することを支えるようになっています。若手であっても、ベテランであっても、自分には力があり、また成長する未来があると認識することが大切なのです。そのためには、新たに保育の世界に入ってきた若手も含めて、みんなで成長する必要があります

　七松幼稚園では、新任はまず副担任や補助の立場からキャリアをスタートします。その中で、先輩の保育者のようすを見ながら、アドバイスを受けつつ成長していきます。いぶき幼稚園では、新任の先生も担任から始めていきます。しかし同年齢のクラスの先輩の先生たちから助言や指導を受けたり、ベテランの補助の先生たちに支えられたりしながら、経験を積んでいきます。高槻双葉幼稚園では、担任で

あったりフリー教諭であったりしますが、フリー教諭の経験というものが非常に大切にされています。ある先生は自分の立ち位置について色々と考え、何か貢献できるものはないかと考えたときに、得意な音楽をツールとして、色々なクラスでギターの弾き語りをして存在感を出していきました。そうすることで自分は力がある、園に貢献できる、そういった気持ちを持てるようになりました。子どもたちがひとりひとり自信を持つことが大切なように、保育者自身も自信を持って保育にあたることが大切です。リーダーはそういった経験ができるように、日々の話し合いや研修を進めていくべきなのです。

＊研修を深める（教育のリーダーシップ）

　保育の質を高めるためには、研修が大切です。それには園内研修が最も効果的だと考えられています（例えばOECD, 2015※3）。保育者それぞれの省察的な学びを促すことで、よく考えられた実践が行われ、質が高まっていきます。そのためにはまずトップリーダー自らが学ぶ必要があります。本書の3人の園長先生たちの特徴は、それぞれに確固とした理念を持っているだけでなく、外部の研修に積極的に参加し刺激を受け続けていることだと言えるでしょう。最近では、研修の講師として招かれることも多く、地域の研修や学会のシンポジウムなどで名前を拝見することも多くなってきました。東京大学発達保育実践政策学センター（CEDEP）が行った「保育の質の保障・向上への取り組みに関する全国大規模調査」（2015年度）では、幼稚園・保育所・認定こども園を問わず、園長先生自身の「園外研修参加頻度」がリーダーシップ得点の高さを予測する鍵となっているという結果が出ています。このようなトップリーダーの姿勢が園の質の向上に寄与していることは間違いないと言えます。それ

だけでなく園の先生方にも積極的に研修に参加するように促しています。保育学会や幼児教育実践学会での発表、大阪府や尼崎市、保育と仲間づくり研究会のグループ研修などには毎回のように先生方が参加しています。またECEQ®やソニー教育財団の「科学する心」などの公開保育も積極的に行なっています。先生方が自分たちの保育を公開することで、他者の目から見た評価を得たり、振り返って自分たちの保育に自信を持つことができていたりします。

　このような園としてのたゆまぬ努力をリーダーを中心に続けられていることが、どの園に行っても保育そのものや先生方の姿勢に勢いがあると感じられる原因だと思います。それでも、研修を行うたびに先生方の悩みは尽きないのですが、子どもたちのために何かを追究して保育の質を高めようとすることで、園全体として高まっているのです。

　その時に考えなくてはならないのが、なんのために園が存在するかということです。幼稚園・保育所・こども園は、子どもたちの成長の場です。同時に先生達にとっては働く場でもあるのです。私たちはものを作っているのではなく人を育てています。人が育つ上において基本として考えなくてはならないのは子どもも大人もひとりひとりがワクワクしたりいきいきしたりして幸せになるべきだということです。そのための場であり組織であると言うことができます。では、どうやったら幸せを感じられるでしょうか？　それはひとりひとりがやりたいことを存分にできるようにするということです。それが子ども主体の保育を進めるということの意味だと考えています。これまでは保育者としての大人のあり方や園運営について考えてきましたが、ここからは研修講師がどのように保育の改革に寄与するかについて考えていきます。

研修講師の役割と発達

　これまで、3つの園での実践をもとに子ども主体の保育を考えるにはどうしたらいいのか、そのための園の改革をどのように進めたらいいのかについて述べてきました。そして、改革にはリーダーシップと園内研修が大きな役割を果たすことがわかってきました。では、最後に研修講師の役割について考えてみたいと思います。

研修講師が提供できるもの

　園内研修に私たち講師がお伺いする時、主な対象は向上したい、変わりたい、と思っている園です。本書で挙げた3つの園はそれにあたります。研修について、講師に任せっきりで、単に情報提供をしてもらいたい、という姿勢ではなかなか進展は見込めません。技術講習のような、単発でも明日の現場に役立つネタを提供するものもありますが、継続的に入ることによって、効果があらわれると考えた方が良いでしょう。

　中坪らによれば、研修講師の役割は以下の4つにまとめられるとしています。[※4]

- 最新の理論の情報提供
- 現場の保育に対する理論的なバックアップ
- 保育者同士の対話のシステム化（課題の洗い出し・解決の糸口）
- ビジョンの明確化

よく聞かれることとして、一体、今の保育界や教育界の流れはどうなっているのか？　ということがあります。本書の冒頭で書いたように、要領・指針に新たに盛り込まれたものの意味や、その背景をお知らせすることも重要な役割です。その理論に基づいて、現場で行われている保育を意味づけするということで、実践の裏付けを担うこともあります。現場の保育者にとって、やっていることは無意識に実践していることも多く、どうしてその保育をしているのか、それがどこにどうつながるのかを言語化することは大切なように思います。同じように、今自分がやっている保育って、本当にこれでいいの？　内容は？　方法は？　環境は？　と、不安に思うことも多々あります。その際にも、こうした理論的な裏付けが重要になってきます。

　もう１つは、研修の進め方への支援です。例えば職員間で意思の疎通が難しいけれども、どうやったらいいかわからない場合など、研修講師が入るとスムーズに行われることも多いです。ただ、園長先生などリーダーの考え方と、保育に携わっている職員の先生方との間で齟齬があった場合、けっこう厳しいものがあります。その間を取り持つ役割が求められることもあり、そこが一番難しいところかもしれません。

　他に、公立幼稚園や保育所等で、指定研究などにあたった場合、研究紀要や公開保育用の資料をどうやって書けばいいのか？　といった依頼もあります。関連して、簡単でわかりやすいデータの収集方法ってありますか？　や、どのポイントに絞って事例を集めればいいですか？　発表はどうやったら？　パワポ資料を作ったので見ていただけますか？　といったことを投げかけられることもあります。そんな時は、効果的な研究の進め方やわかりやすい視覚的な資

料の作り方を示唆することもあります。いずれの場合においても、実はやりたいことや発表したいことの答は先生方自身の中にあることの方が多いです。そんな時はある程度聞き役に回って、「こういうことですよね」と解説をつけていくような感じになるのです。子どもの理解や保育の進め方については、現場の先生方の方がはるかに深く、うまくやっておられるので、尊敬の念しかないのですが、こと言語化する段になると、少しお手伝いが必要になってきます。外部の研修講師としては、そこを担っていくのが良いのかもしれません。

団体や組織での研修

　これまでに、私はそれぞれの園での研修を主に担ってきましたが、団体や組織が行なっている研修に参加させていただくこともありました。例えば、七松幼稚園の先生方も参加されていた尼崎市私立幼稚園協会のプロジェクトです。これは、市内のいくつかの園から先生方が集まり、多い時は年7回ほど研修を行なっていました。この時は、園から子どもが主体的に活動している実践事例を持ち寄ってもらい、その事例を10の姿とPEMQの4つの環境の視点（子どもが活動したくなる環境、子どもが利用しやすい環境、子どもの活動過程を支える環境、活動の軌跡や足跡が見える環境）を掛け合わせたマトリックスの中に当てはめて分析を行いました。年に何回も行なったので、参加者がお互い顔見知りになり、実践を褒め合ったり、さまざまな相談をしたりして関係性が深まりました。その際には、実践を分析するための枠組みの提供をしたことと、参加者が話しやすい場の雰囲気を作っていきました。最終的には、県の研究会での発表を行なったり、近畿地区での発表につなげたりしました。近畿大会での発表では、参加者がそれぞれファシリテーターの

役割を担い、グループを任されて実践の分析を体験してもらうような形にもしました。これまで自分たちが研修で交流していた雰囲気を生かし、今度は自分たちで研修を運営する立場を体験してもらいました。

　また、前述した（一社）大阪府私立幼稚園連盟のプロジェクト研究では、22名のチームによる2ヶ年の研究を「プロジェクト型保育について」という内容で行いました。連盟の研究所に集まった先生方を3つのグループに分け、それぞれに自分たちで課題を見つけ、学ぶスタイルで進行してみました。最初の部分は講師である私の方から情報提供をしていたのですが、そのうちにあまり講師の方から話すことも少なくなり、実践を持ち寄っては自分たちで考えたり、また近畿の研究大会での発表から、参加者とのディスカッションを進行したり、アンケートをとって情報を集めたりするようなところまで進めていきました。成果として冊子を作成し、遊びの内容や行事、研修や園内組織のあり方などの側面から、プロジェクト型の保育を進めるにはどうしたらいいか？　というテーマに迫っていきました。この研究会はメンバーを改めてさらに2年間続きました。ここでは、始めのうちは情報の提供と、保育に対する考え方をお伝えしていましたが、会が進むにつれて自ら学ぶコミュニティを作っていった、というのがポイントだと思います。

　団体や組織、地域で行う研修では、さまざまな園から参加者が来られ、情報を交流しながら自分たちで探っていくようなものが望ましいと思います。回数を重ねること、お互いの保育の良さを見つけ、考えていくことが大切だと思われます。こうした往還型の研修が、これからも広がっていくと良いのではと考えています。

研修講師の役割

　これまで、私は3つの園に関わってきて、先生方の支えになってきたかと思います。共に保育について考えていく中で、少しずつ先生方の役に立ってきた実感を持てるようになってきました。しかし、これが一朝一夕にできたわけではありません。大学教員のキャリアをスタートした頃は、子どもの見方にしても、保育に対する考え方にしても、あまり提供できるものがあったとは思えませんでした。子どもの理解についてお伝えしたとしても、いやあ、そんなんじゃないと思います、と返されたこともありました。しかし、保育者の先生方のお話を伺う中で、次第に考え方について自分の中で納得する部分が増え、時には異なった視点からの解釈をお伝えすることで、何か貢献できたと思うことも増えてきました。

　私が研修講師の役割として担っているのは、

> 1) 先生方のカウンセラーとなること
> 2) 保育室のインテリアコーディネーターであること
> 3) 時々、実践者であること
> 4) 子どもたちの悩みをトリアージする者であること

です。第一に、先生方のよきカウンセラーでありたいと思っています。ちょっとした悩み、そして子どもと共にあることの喜びを共有することが、重要な役割だと考えています。保育の悩みもありますが、先生方が元気になるために、その人にどんなヒストリーがあって、今があるかを考えたり、気持ちを受け止めて、軽くする、といったことを心がけています。

保育においては、環境が大切ですから、インテリアコーディネーターのようなこともします。一緒に家具を動かして、パーティションを置いてみたり、コーナーを作ってその中に座ってみたりします。子どもにとって心地よい空間というのは、大人にとっても心地よかったり、ワクワクしたりするものです。それを一緒に組み上げていくこともしています。

 さらに、時々子どもたちの前で絵本を読んだり、ごっこ遊びに入り込んだり、振り返りのリードをとることもあります。「そうなんだ～面白いね！」「こういうこと？　こうやってみる？」などやります。ある園で、4歳児がクッキングをする時に予算が足りなくなって園長先生が呼ばれたことがありました。先生はひとしきり子どもたちの話を聞いた後、「せっかく鈴木先生が来られてるから聞いてみたら？」といきなりふられて、保育を進める羽目になりました。なんでも、餃子の皮のピザを作るのに、「代表の子がスーパーに偵察に行ったのが特売日だった」「具にするつもりのエノキダケが枯れてしまった」「餃子の皮1枚じゃなくて2枚食べたい」という理由から予算が足りなくなったんだそうです。子どもたちに「じゃあ、どうしたらいいかなぁ」と聞くと、「お家の人にもらったらいい」。それに対して「でも、もうお金はもらってるからねぇ。どうしよう？」と聞くと、一人の男児が「いいこと考えた！」と。こういう時はろくなことないのが定石ですが、案の定「お金つくったらええねん！」「そやな、俺、鉄の丸いのでいいのあるで」…と盛り上がってしまい、困惑しました。しかたなく、「そうだねぇ。お金作ってもいいけど、お店屋さんごっこで使う分には構わないんだけど、それをホントのお店で使うとおまわりさんに」まで言うと、賢そうな女児が「つかまる…（半泣き）」となって、めでたく「そうだね、お金つくるのはやめた方

あたらしい保育を創る園内研修とリーダーシップ

理解を深めるために

219

がいいね」となりました。その後、何か作って売るっていう方法もあるよ、バザーっていう手もあるよといって、「ほら、もうみんなが要らないものもあるよね、例えばアンパンマンとか…」というと、「そやな、もう僕らアンパンマンなんかいらんもんな」と誇らしげに言っているのが微笑ましかったのです。こうして時折、一緒に保育する楽しみも感じています。

　そして、一番重要だと感じているのが、子どもたちの誰から光らせていくか、ということです。それぞれのクラスには、必ずといっていいほど気になる子どもたちがいます。先生方が真剣であればあるほど、この子にはこう育ってほしい、この子にはこういう課題をクリアしてほしい、という願いがたくさんあります。その中から、どの子に着目すれば、無理なく効果的に改善が見込めるか、ということをお伝えすることです。子どもの発達特性によっては、時間をかけて成熟するのを待たなければならないこともあります。こうなってほしいと思っていても、子ども自身が育っている部分がないと、無理に願いを押し付けることになってしまうことがあります。子どもたちのようすや育ちのありようをつかむことで、どの子に活動を用意したり、関わったりしたりすれば、思うような結果が期待できるかをお伝えすることにしています。どの子にも等しく育ってほしいと思いたいのは理解できるのですが、保育者としての限界と可能性を考えた時に、最も効果的な方法は何かと考えるのは、岡目八目の利がある外部講師がするべきと思うのです。あれもこれもと思いすぎて溺れそうになっている先生に、浮き輪を投げる役目だと考えています。

　それを具現化するために、さらに細かい言葉にすると、私たち外部講師の役割は以下の3点にまとめられます。

> - **保育者に安心を与える役割**　あなたの保育はそれでいいよ！
> - **保育者に夢を与える役割**　こんなのしたら面白いよ！
> - **新たな視点を与える役割**　この子はきっとこんな風に感じているんじゃないかな…

　講師という立場では、どうしても明日役立つ情報やスキルを求められがちになるのですが園や保育者に情報を伝達するのではなく、先生方が自分たちのやっていることを自ら理解する助けとなる、つまり「鏡になる」ことが重要だと思うのです。そのためには、ファシリテーターとして保育者の思考を整理し、統合していくスキルが大切です。それは、ミドルリーダーの先生方も多くの部分、担っていただいているところなのですが、外部講師としては、それをさらに大きな視点からまとめ直したり、位置付けたりすることが求められるのではないかと考えています。国全体の方針であったり、世界の情勢だったり、研究の動向だったりを頭に入れつつ、鏡になりながらも新たな視点が提供できたらいいな、と考えています。子どもの見方をお伝えする時に、今、ここの子どもの育ちだけでなく、もっと大きくなったら、例えば小学校5年生になったら、中学生になったら、大人になったら、ということを考えてお話をするようにしています。私たちの仕事は、学校にあがったら困らないようにするのではなく、その子がどんな一生を過ごしていくのか、そこで生きる意味や自分の価値についてどう捉えていくのか、を見通して育ちを支えていくことだと考えているからです。

　その視点を持ちながら、時にはカウンセラーとして保育者の心に寄り添っていくことを心がけています。

研修講師の発達

　子どもたちが成長するように、あるいは保育者が成長するように、研修講師も同じく駆け出しの頃から比べると徐々に育っていくものです。そこで、研修講師の発達について、保育者の発達[※5]を参考にして、以下のように考えてみました。

> **初心者** ＝ はじめに理論ありき。学んだことをあまり咀嚼せず、「こうあるべき」で話してしまう。子どもの姿があまり見えていない。
>
> **中　堅** ＝ 子どもへの理解が進む。理論から少し離れて、実践への示唆や枠組みの提示ができるようになる。保育者と共に考えることができるようになる。
>
> **熟　達** ＝ さまざまな形態の研修に対応できる。相手のニーズに合わせた話題や示唆を提供するようになる。実践に基づいた自分なりの理論が持てるようになる。
>
> **熟　練** ＝ 研修や著作を通して幅広い実践に影響力が出てくる。広域自治体や国での方針決定に関わり、その思想や理念をもって子どもたちの生活や学びの改善に資することができるようになる。

　私自身は、中堅の段階を終えて、そろそろ熟達の域に達しつつあるかな、と感じています。熟練まで到達しているのは、多くの著作があったり、教育要領や指針の編纂に関わったりしておられる先生方のことが思い浮かびます。国や広域自治体での方針に関わることはまだあまりありませんが、外部講師としてのやりがいは感じています。何よりも、先生方を元気にすること、一緒に子どもたちの育ちを感じ、喜びを胸に感じることが多くなってきました。講師とし

ての最上の喜びは、「子どもって面白いですね」「保育が楽しくなってきました！」という言葉を先生方から聞けることです。何よりも、先生方と一緒に考えることで、子どもたちが生き生きとした姿を見せてくれることに、幸せを感じるのです。

そして、先生方や子どもたちが、総合的な学習の時間のねらいにあるように、「自ら課題を見付け、自ら学び、自ら考え、主体的に判断し、よりよく問題を解決する」手助けをしたいと考えています。対話的で主体的な保育を目指すということは、結局のところ、保育者の主体性を伸ばすことしかないと思うのです。外部の者しかできないことは、より客観性をもって、保育者自身のメタ認知を助けること、それによって保育者のエンパワメントを図ることなのです。そうすることで、大人も子どもも自分らしく生きる園にするために、日々先生方との対話を大切にしていきたいと考えています。その先に、未来を生きる子どもたちの幸せを願いながら。

参考文献

※1 Laevers （編）『The Leuven Involvement Scale for Young Children』Center for Experiential Education　1994年
※2 イラム・シラージ著　デニス・キングストン著　エドワード・メルウィッシュ著　秋田喜代美訳　淀川裕美訳『「保育プロセスの質」評価スケール』（明石書店）2016年
※3 OECD『Starting Strong IV: Monitoring Quality in Early Childhood Education and Care』2015年
※4 中坪史典（編）『保育を語り合う「協働型」園内研修のすすめ：組織の活性化と専門性の向上に向けて』中央法規　2018年
※5 秋田喜代美「第6章　未来をひらくために」（小田豊・森眞理（編）『保育原理』北大路書房）2009年

[著者紹介]

鈴木 正敏（すずき まさとし）
兵庫教育大学　学校教育研究科　教授。兵庫教育大学・同大学院を修了、堀田若草幼稚園（現在は閉園）で勤務の後、ウィスコンシン大学オークレア校修士、同マジソン校博士課程修了、2012年に Ph.D. を取得。1995年から兵庫教育大学講師、助教授、准教授を経て現職。OECD幼児教育・保育ネットワーク委員（文部科学省参与）として参加（2008年～2016年）。平成21年版　保育所の自己評価のためのガイドライン作成委員、第三者評価項目作成委員。著書に『学びが広がる・深まる 園内研修でもっと豊かな園づくり』（秋田喜代美・小田豊（編）、中央法規）など。

亀山 秀郎（かめやま ひでお）
学校法人七松学園　認定こども園七松幼稚園　理事長・園長、学校教育学博士。日本幼少児健康教育学会監事、ECEQ®コーディネーター、ひょうご乳幼児教育・保育マイスター。著書に、『保育所・幼稚園・幼保連携型認定こども園実習』（ミネルヴァ書房・編著）『保育に活かすSDGs/ESD』（かもがわ出版・共著）『保育リーダーシップ評価スケール PAS－よりよい園運営のために』（法律文化社・共著）。OECDのStarting Strong Ⅶ: Empowering Young Children in the Digital AgeにおいてOECD幼児教育・保育ネットワークに協力。

岡部 祐輝（おかべ ゆうき）
幼稚園型認定こども園高槻双葉幼稚園　園長。京都府公立小学校勤務後、高槻双葉幼稚園主事、教頭を経て現職。（一社）大阪府私立幼稚園連盟教育研究所所長。保育者養成校で「教職論」、「保幼小接続論」などの授業を担当。著書に『子どもと保育者でつくる育ちの記録―あそびの中の育ちを可視化する―』（日本標準、分担執筆）、『保育リーダーシップ評価スケールPAS；よりよい園運営のために』（法律文化社、共訳）など。

阿部 能光（あべ よしてる）
幼稚園型認定こども園いぶき幼稚園　園長。（一財）全日本私立幼稚園幼児教育研究機構　教育研究委員会 ECEQ®・評価チーム委員。研修講師やECEQ®コーディネーターとして、これまでに40園以上の園内研修に携わる。また、非常勤講師や就活アドバイザー等として、これまでに保育者養成校20校で出前授業を実施している。

[STAFF]
● デザイン／シリコニー
● イラスト／竹内 まゆ美
● 編集／北山 文雄・宮田 真早美

保育現場は園内研修とマネジメントで変われる！

2025年4月 初版発行

著　者	鈴木 正敏・亀山 秀郎・岡部 祐輝・阿部 能光
発行人	岡本　　功
発行所	ひかりのくに株式会社

〒543-0001 大阪市天王寺区上本町3-2-14
郵便振替 00920-2-118855　TEL.06-6768-1155
〒175-0082 東京都板橋区高島平6-1-1
郵便振替 00150-0-30666　TEL.03-3979-3112
ホームページアドレス　https://www.hikarinokuni.co.jp

印刷所　大日本印刷株式会社

©Masatoshi Suzuki, Hideo Kameyama, Yuki Okabe, Yoshiteru Abe 2025
乱丁、落丁はお取り替えいたします。

Printed in Japan
ISBN978-4-564-60982-4
NDC376 224P 21x15cm

本書のコピー、スキャン、デジタル化等の無断複製は著作権法上での例外を除き禁じられています。本書を代行業者等の第三者に依頼してスキャンやデジタル化することは、たとえ個人や家庭内の利用であっても著作権法上認められておりません。